新《に》居《い》格《いたる》の生涯

NII Itaru

自治を最高の基礎として

小松隆二
KOMATSU Ryuji

論創社

新居格の生涯——自治を最高の基礎として　目次

第四章　新居格の準戦時、さらに戦時下の生き方とささやかな抵抗

新居格の生涯——自治を最高の基礎として

第一章　新居格の故郷と学生時代

1　新居格の故郷と小・中・高校生時代

(1)　鳴門・撫養で誕生、そして成長

新居格《にいいたる》は徳島県・阿波の人である。徳島でも現在の鳴門市の産である。ただし、鳴門市にはそう長く住むことはなかった。出生から小学校を終わるまでの十数年間のみであった。しかし、新居にとっては後年最も懐かしく思い出される土地は鳴門であった。それほど鳴門は、懐かしく心温まる街であり、また宅地、道、林、森、川、海等が懐かしい土地であった。

鳴門市と言えば「うずしおのまち」と市自ら名乗るように渦潮、県下で最も早くスタートする阿波おどり、生命や健康を支える塩田、鳴門鯛・鳴門わかめなどの魚類・海産物、また大谷焼やでこ（木偶）などの民芸品で知られる。

もっとも、新居は郷里・徳島県の夏の名物にせわしそうに鳴く「蝉の声」をあげている（新居格「阿波踊」『生活の錆』岡倉書房、一九三三年）。新居らしいというか、彼にとっては、郷里のことで最も強く印象に残っていたのは、都会の者にはまず想像できないうるさい蝉の声だったのである。

新居格は、一八八八（明治二一）年三月九日、鳴門でも、徳島県板野郡撫養《むや》町大字斎田（現・鳴門市）に生まれた。ただし、新居が生まれたときは、斎田など近隣の十一の村が撫養町に合併す

る直前であった。したがって本籍は板野郡大幸村六〇番屋敷（板野郡大津村大字大幸を経て、現・鳴門市）であった。

撫養は撫養川河口部から内陸西側に入った主に平野部である。町の北には小鳴門海峡、南には大津町や里浦町、西には讃岐山脈東端から麓、さらに東には子どもの頃よく遊んだ岡崎の浜が位置している。

新居自身、自らの故郷について、「わたしは撫養と云ふ町に生まれた。そしてそこから一里半ばかり離れた、吉野川の支流に沿ふ平野の中の小さい村で少年期を過ごし、中学生時代の五箇年は村からまた南に一里半離れた徳島市に送つた。で、私の郷里とも云ふべきはその三つを含めたものになる」（新居格前掲『生活の錆』。新居格『季節の登場者』人文会出版部、一九二七年）と語っている。つまり撫養、大津、徳島の三か所を故郷と呼んでいるのである。彼にとってはこの三か所は故郷として一か所も外すことが出来ないものであった。

新居の生まれた明治二〇年頃の徳島といえば、国の政治・行政、経済の近代化の動きに合わせるように、自由民権運動もほぼ収まり、地域の政治や行政が足場を固めつつあった。

それ以前に、徳島県は名東県を経て、いったん土佐と併合され、高知県の下に編成される事態に追い込まれていた。その後、明治一三年に改めて土佐と阿波は分離され、阿波国は徳島県に戻った。その頃から明治二〇年代にかけて、自由民権運動も交え、政治活動・政治運動が活発になった。特に立憲改進党の動きが顕著で、自由党と共に徳島の近代化・民主化に寄与するのである。

また明治二〇年代には、国レベルの帝国憲法の制定・施行、帝国議会の開設の下で、徳島でも地方自治・地方行政が整備されていく。明治二一年には、市制・町村制の制定、施行がなされ、市町村の整理・合併が進められた結果、地方自治・地方行政の最小単位が全国で一万六〇〇〇ほどに大幅に減少した。近代の社会や生活を発展させる新しい政治、行政、自治が地方の市町村でも動き出していたのである。

かくして、新居が出生し、育ち始める頃には、徳島県でも、鳴門でも、地方政治・地方行政が地域に根付きつつ、近代化に向けて本格的に始動した。その下で教育・学校制度も整えられていく。義務教育も整備され、就学率を高めていた。あわせて、その上に中学校も新設され、その拡大、整備も進められた。新居はそのように整備される学校制度の下で、地元鳴門で小学校、そして隣の町の徳島市の中学校に学ぶことになる。

新居家は代々医者で、父は三代目医師であった。二代目の文二に男児がなく、譲が地元の旧家磯部家から養子に迎えられ、医業を継いだ。

格はその三代目の父・譲、母・キヨの二男であった。上記のように誕生は市制・町制が布かれ、大日本帝国憲法が発布される直前の一八八八年であった。父、三〇歳（一八五九／安政六年生まれ）、母、二九歳（一八六〇／万延元年生まれ）の時である。長男の兄（敦美）、弟（厚）、そして姉（フシ）、妹（ムメ、ヒデ、テル）四人の合計七人兄弟姉妹で、格はその上から三番目であった。

ただ兄・敦美は六歳になる前に夭折している。一八九二（明治二五）年三月のことで、格が四歳になった時である。すると、順序から言えば、本来は次男の格が医業を継ぐべきであった。当初は周りもそう考えていた。

しかし、小学校に進むようになってから、格の強度の近眼が医学・医師に向かないことが分かっていく。そのことが色々の場面で明らかになっていく。しかも「喧嘩で血塗れになつた男の傷を父が縫つてゐるのをみて嫌になつた」（新居格『風に流れる』新時代社、一九三〇年）というように、血を見るのも性に合わなかった。加えて、中学校に進む頃には、格が思想や文学の方向にひかれ出すように、理系よりも文系に興味も向きもあることが分かっていく。そんなことで、家業の医院は格ではなく、一歳年下の弟・厚が跡を継ぐことになった。

このようにして、新居は小学校に学ぶ年齢を加えていく。小学校は地元・撫養の斎田にある撫養小学校に学ぶ。新居にとっては懐かしい学校である。同期の親友に後に東京高商を卒業し、スイス公使、イタリア大使、外務次官など外交官として、また情報局総裁として活躍する天羽《あもう》英二がいた。懐かしい友人である。小学校時代はクラスも一緒だった。

天羽とは小学校時代のみか、中学校に入っても、学びでも、遊びでも、親しく付き合った。しかも新居が文筆や思想・アナキズムに傾斜し、要注意人物になった後を含め、生涯付き合いを続けた。二人は、立場や生き方を超えて、幼なじみという繋がりを生涯大切にした仲であったのである。

新居は、小学校の授業では、強度の近眼のため最前列にすわることになっていた。最前列では、先生の目がつねに向けられやすかった。そのお蔭で、授業には集中せざるをえない効果があった。そんなこともあって、成績に関しては、学習・教育の入口になる小学校では特に問題はなかった。理解力は十分にあり、成績は上位に属した。幸い読書好きでもあり、勉強も嫌いではなかった。特に両親や先生から尻をたたかれないと、勉強しないというタイプではなかったのである。

その延長で、中学への進学の時にも、また高校への進学の時にも、成績で引っかかるということはなかった。そんなことで、目が悪いとかのハンデはあったものの、成績や進学に関しては、自然に自信が身に付き、意外に早く子どもの頃から、自己流ながら自信のある生き方を通した。

それでいて、小学校の頃は、放課後になれば、日没まで、近隣の街々、海岸、山々でよく遊びまわった。特に夏休みには、「鳴門に近い岡崎の砂浜に集まつて半日ほど水泳で過ごしたものだ。で、その頃のわたしたちはたのしい毎年の夏を送ることが出来た。泳いだり、砂浜で甲羅を乾したり、カツタでのりまはしたりした。青い海、松籟の音、海上三里の彼方に淡路島の風景が頭にのこつてゐる」（新居格「若き日の願望」新居格編『わが青春の日』現代社、一九四七年）ほどであった。あるがままの鳴門の自然、そして四季の移り変わりを思う存分楽しんだのである。

もっとも、新居は「わたしは四国の一寒村で少年時代を全く孤独で暮らした」（新居格編前掲『わが青春の日』）とも言っている。常にではなく、そのような気分で過ごしたこともあったのであろう。

この子どもの頃の田舎における自然や環境との触れ合いが、新居にとっては心身の奥底にまでしみ込んでいく。

もっとも、新居は、年齢を積むと共に都会的生活や都会的センスを身につけ、それを大いに楽しんでいる。コーヒー、カクテル、たばこ、カフェ、レストラン、ダンスホール、映画館、図書館などはいずれも大好きであった。それぞれを大いに若者たちと利用し、共に味わうことを楽しみにしていた。

同時に、実は成長してからも、新居にとっては一人で味わう豊かな田舎・自然は引き続き心休まる場・環境であり続けていた。鳴門を中心とした自ら体験した場所はその代表であった。それは、コーヒーやカフェが如何に好きであっても、新居のように田舎出身者でなくては分からないことであった。

(2) 徳島の旧制中学校時代

新居は、撫養小学校を卒業すると、一九〇〇(明治三三)年四月、徳島市にある徳島中学校に進んだ。徳島市は格にとっては考えられないほど大きな町であったが、いよいよそこでの生活が始まるのだった。それよりも小さな郷里、いわゆる狭い意味での郷里での生活の終わりとなる。

郷里での生活は、後に考えれば僅かの期間であったが、生涯忘れることの出来ない日々となった。郷里の撫養の日々についで、徳島市で中学校を六年かけて学び、卒業することになる。時代はちょうど日清戦争後の資本主義経済が発展し、産業革命を迎えているときであった。労働問題・社会問題も表面化し、次第に大きな流れになる。その社会的な矛盾に対抗する社会主義も導入され、浸透しだす。新居は、そこで社会主義文献に深く触れ、すぐにその運動にも触れることになる。

新居が徳島市で中学校に学んだのは、そのように経済・社会全体としては背伸びをし、躍進しているときであった。ほどなく日露戦争に突入する時代で、いかにも時代が躍動しているときであった。

当時、徳島市は四国では最大のまちといえる程であった。教育も高い評価を得ていた。新居はその徳島の中学教育の先駆けとなる徳島中学校に入学した。日頃の成績・到達度から特に苦労して入学したわけではなかった。自然に、しかしまだ中学進学率も極めて低い時代だけに、彼は多少の誇りも持って入学した。

新居が中学校に入学する直前の一八九八年には、徳島の中学校は二校となり、生徒数は九四八名に達していた。翌年からは一〇〇〇名の大台に乗る（『徳島県教育沿革史』徳島県教育会、一九二〇年）。そんな時代の中学入学であった。

当時、徳島中学校は、市の西北に位置していた。同期には、同じ小学校だった先述の天羽の他、後の京大総長・鳥養利三郎、同じ歳ながら一年上級に従兄弟の賀川豊彦がいた。

徳島中学校は、一八七八（明治一一）年の創立で、新居が入学した当時は、二〇年の歴史を積んでいた。校長は塩谷依信であった。

徳島中学校の土台は、一八七四年に藩校・長久館の跡に設置された徳島師範期成学校にあった。その後、名東県徳島師範学校、高知県師範学校徳島分校、高知県師範学校徳島支校、さらに高知県徳島師範学校の附属となる変則中学校を経て、一八七八（明治一一）年に徳島中学校の創立となる。その当時は生徒数もやや増え、全校で一〇〇人をやや超える規模に発展していた。

その後、徳島中学校は、太平洋戦争下の空襲による消失などの苦難を経て、大戦後になると新制高等学校の発足に伴い、徳島県徳島第一高等学校の創設に引き継がれた。その直後の一九四九年、再度の高校制度の改編により、徳島県立城南高等学校となる。城跡の一郭、城南町に位置することから、城南高等学校と命名されたが、それが今日までそのまま続くことになる。

新居は、徳島中学校に入学すると、一人で生活することになり、独立した気分になった。その気分で新聞を購読した。読売新聞が好きで、読売を愛読した。名文家の大町桂月、さらに高山樗牛らの文章にも親しんだ。

そのうち、日露戦争が勃発するが、反戦運動の拡大から社会主義運動も活発になる。そのような風潮に、新居は社会主義文献に触れ、一時は学校の教科書はそっちのけになる程であった。そしてその運動にひかれだす。

徳島の新町橋の袂にあった黒崎書店には、店主の好みで社会主義文献や平民新聞類が置いてあった。やはり徳島では珍しいことであった。そのことが、新居が社会主義に触れるそもそもの始まりであった。

社会主義に惹かれだすと、新居は、安部磯雄、幸徳秋水、堺利彦、木下尚江ら社会主義者の著作を読み、さらに幸徳と堺が反戦の立場から万朝報を退社し、創刊する『平民新聞』、さらに『直言』を購読した。中学生にしては随分珍しいことであった。経済的には両親から随分贅沢な思いをさせてもらっていたのである。

そんなわけで、彼は中学時代に明治三〇年代の初期社会主義に触れることになった。しかも社会主義に興味を持ちだし、さらに主義者を自覚するほどにもなった。すると、勉学も進学も止めて上京し、社会主義の研究にうちこむ計画まで立てる。しかし、英語の教師に中学だけは卒業しておくようにと説得され、ようやく思いとどまる。

その延長で、新居は中学四年の時、学校で演説に近い弁論を行う。その主張の中に、自分の教師を弾劾する内容が含まれていた。そのことで、彼は問題にされ、結局停学処分を受けざるを得なくなってしまう（新居格前掲「若き日の願望」新居格編『わが青春の日』）。

実は、中学校三年の時に、「悪者の友」と題して最初の演説を試みる予定であったが、当日になって自信と勇気を失い、学校を休んで、逃避した。翌年四年の時は、同じことを繰り返すわけにいかなかった。弁論部主催の演説会で、今度は実行するが、題は「わが千行の血の涙」であった。

ところが、彼の演説の中に、先生方に対する批判が含まれ、話が過激な方に行くこともあった。

慌てて弁論部委員で一年上の賀川豊彦がベルを鳴らして新居に注意を促したほどであった。しかし、新居はそれを無視して、校長から弁論中止を言い渡されるまで演説を続けることになった。

その結果、新居は職員会議で一年間の停学処分を受けることになった。彼によれば、「私の最初にした演説の経験は演説そのものは大出来だったが、その他では散々の失敗だつた」（新居格『街の抛物線』尖端社、一九三一年）。彼は後にこのように自己批判を残している。

それを機に上京、目の治療を受けたり、受験勉強のため正則英語学校に通ったりした。とはいえ、新居の記憶ではあるが、幸徳秋水の『平民主義』の広告にふれると、受験勉強そっちのけで購入し、夢中で読みふけることもした。

そんな生活で、卒業が一年遅れることになるが、新居はそれほど慌てる風もなく、落ち着いたものであった。その上京中に、神田から本郷の東片町に移り住むが、そこは学者など文化人が多く住むまちで、その雰囲気を楽しんだりもした。

そのような状況の中で、新居は母の強い要望で、中学校卒業前に結婚することになった。新居にとっては予想を超える出来事であった。妻は同じ郷里・撫養町でも大字黒崎村の江富叶蔵の三女・トクであった。トクは格より一歳年上で、一八八七（明治二〇）年一月一日生れであった。格の母・キヨはもともと江富家の出で、そのつながりでの、また母の強い希望を受けての結婚であった。

ただ、しばらく結婚を公けにしなかった。役所への届けもしなかった。ただ、ほどなく妻が妊娠するので、急ぎ婚姻届を提出することになった。日露戦争が激戦を続け、多くの犠牲者を出していた時で、新居が一八歳になったばかりの一九〇五年四月であった。まだ中学校卒業まで、二年も残している時であった。

この若い時代の結婚の体験が、後の太平洋戦争の時代になると、国策の早期結婚論に利用されることになる。もっとも、新居は早婚を勧める講演を依頼されても、軍部や行政の期待通り早婚は良いなどと単純に若者に勧める話はしなかった。きまって早婚にはプラスもあれば、マイナスもあります、と、軍関係の依頼であれ、依頼者の要請や期待を巧みに外しながら、話すことにしていた。

かくして、中学時代には自由勝手な生き方をしながら、勉学の方は適度に結果も出すほどであった。ただ、社会主義に染まったり、文学に興味をもったりして、鳴門の両親を心配させ続けたことも確かであった。

中学校を卒業すると、今度は思いもしなかった第七高等学校（鹿児島市）に進まざるを得ないことになった。新居の早とちりで、まさかと思えるとんでもない失敗の進路となったのである。

(3) 鹿児島の旧制高等学校時代

新居は、一九〇七（明治四〇）年に徳島中学校を卒業すると、鹿児島市の第七高等学校に入学する。地図で見れば、九州は四国の隣の島であるが、その南端の鹿児島は徳島から見てもやはり遠い南方の土地であった。

新居は、中学校時代には社会主義に惹かれたり、学校・先生の批判を行ったり、そのため停学処分を受けたり、並みの生徒ではなかった。それでも、最後は社会主義から少しずつ距離を置くようになった。

彼は、高等学校は、第一高等学校か二高に進めるレベルには達していた。友達同士の話もそのように進めていた。その準備も進んで、受験の書類には、第一志望は一高、第二志望は二高と書いたつもりでいた。

ところが、受験手続きの書類を記入する際に、間違えて第一志望に一高ではなく、滑り止めの第七高等学校（現・鹿児島大学）を記入してしまった。第一志望と第三志望の順序を逆に書いてしまった。その結果、一高は受験できず、第一志望と誤記した七高に回されることになったのである。

一高は駄目でも二高か三高には行けると思っていたのに、全く予想もしないことであった。一九〇六年のことである。

思いがけない第七高等学校、そして鹿児島における生活は、新居の精神面を不安定にした。学校も下宿も、旧市街になく、桜島も見えはするものの、海に浮かぶ美しいものではなかった。特に自分の不注意・軽率さからの鹿児島行きだけに、気分的にも乗りにくく、前向きの姿勢や積極的な行動はとれないほどであった。

期待していた一高・東京の生活が夢と消えたのである。そのあげく、七高時代の三年間は、希望もしない土地での年月であったので、神経衰弱に悩むことがあったのも仕方のないことであった。

そのことで、新居は神経医学の大家・大西鍛の診察を受けると、何らかの原因があるというより、「体質」「繊弱な精神と肉体」が原因であると診断された（新居格前掲「若き日の願望」新居格編『わが青春の日』）。納得できない面もあったが、黙ってその診断を受け止めざるを得なかった。

加えて、これから青春を謳歌するという時に、すでに妻もおり、家族持ちの身で勉学に打ち込まなくてはならなかった。当時の高校生にしても例外的な生徒であった。それでは、同級生・同期生と共に旧制高校の生活、そして青春を享受するゆとりもなかった。そのような同時代の高校生とは異なる境涯・生活状態に置かれたことも、新居の生き方・心に余分の負担を負わせることになった。

特に、この鹿児島時代に、しかも鹿児島時代が始まってまもなく、長女・美代子を二歳の誕生を迎える前に亡くしている（一九〇七年七月）。他の普通の高校生にはほとんどあり得ない辛い体験であった。自分が支え、責任を持たなくてはならない家族の存在、とりわけ他の高校生が経験することもない家族の不幸の発生も、新居の精神を病むほどに暗く、重くした一因になったことも考えられる。

そんな家族の存在、また自身が神経衰弱の状態になったこともあって、初めての土地なのに、歴史のある鹿児島とその周辺の町々を十分に楽しむこともしなかった。また桜島、霧島など近隣・周辺への観光旅行も一度のみで終わった。さらに中学時代のように社会主義の著書に引かれたり、演説・弁論活動を行ったりする活発さも見せなくなった。社会主義の受容は、東京帝国大学に入学してだいぶ経ってようやく研究レベルでなら受け入れられるようになってからである。

新居自ら言う。「鹿児島にあること三年、南薩に一度の旅、霧島へ登山したのが唯一の特筆大書に値する私の旅の記録、鹿児島湾内の桜島も学友たちの漕ぐ短艇に便乗させてもらつて一度渡つた切りといふのである」（新居格前掲「若き日の願望」新居格編前掲『わが青春の日』）。

鹿児島の学生時代は、多くは勉学と文学書を読みふける時間にあてられた。それも、思想書などはなくなり、文学書ばかりがほとんどであった。その際、ツルゲーネフは英語、イプセンなどはドイツ語を通して読むといった具合である。もっとも、そのことが、東京帝国大学への進学を可能にしたし、また社会に出てから文学的素養に秀で、創作、また文芸ものの評論や翻訳にも活かされることになっていく。実際に、七校の教授からは、東京帝国大学でもしっかり活躍できるレベルと言われたこともあった。

この七高時代の先生にあたる教員について、新居は後になって回想している（新居格「師の思ひ出」『心の日曜日』大京堂、昭和一八年）。良い評価を下している中には、日本史に造詣深かったゼームス・マドック、ドイツ語・ドイツ文学担当のドイツ婦人ビュウトナア等がいた。この二人については親しみがもて、教えられたことにも触れている。ドイツ語・ドイツ文学の上村清延についても、その研鑽ぶりに感銘を受けている。ただ外国人教員の何人かについては、その講義内容に比して高すぎる買い物ではないかと教員の資質に批判を加えている。

なお面白いのは、新居がこの高校時代にラテン語の授業を受けていることである。ラテン語のようないかにも難解そうで、実用性にも欠けるので、普通の学生が興味を示しそうもない課目を新居が選んだのは、彼らしく心に留めておいてよい。

ただ、有用性に欠け、実際にも難しい授業の進行と共に一人抜け二人抜けして、最後は受講生は新居一人になってしまう。担当の教員からは期待されたが、自分の進路にラテン語の必要が認められず、結局彼も途中で止めてしまう。ただ、高校時代に短期間であれ、新居がラテン語に挑戦したことは興味を引く。

このように、中学校時代に続いて、高等学校時代にも、新居は、新居らしく他のものが真似のできない個性的な生き方をしている。もっとも、新居自身は、これも新居らしく自らの青春の生き方・足跡を「平凡でしかありえなかった」(新居格前掲「若き日の願望」新居格編前掲『わが青春の日』)と抑え気味に振り返っている。謙虚、あるいは自分を卑下するような言い方をする彼らしい自己評価であり、表現であった。しかし、社会主義や文芸書に深入りしたり、停学処分にあって一年遅れたりするような青春が「平凡でしかありえ」ない、ということはないであろう。

いずれにしろ、たしかに高等学校時代には神経衰弱に悩むなど不本意な面もあったであろうが、鹿児島とそこにおける七高の生活と勉学で、東京帝国大学に進学できる結果は出したのである。法学部を選んだのは、法学、あるいは政治学を修めたいとか、法曹や政治の世界に進みたいとか、明快な将来の進路を考えた上のことではなかった。ただ、法学部進学は割合早くから考えていた。文系ではやはり法学が一番上と思っていたからである。その上、父の病院は弟が継ぐことにはなっていたので、医学部や理系は念頭になかったが、新居が文学を学べる文学部に進むのを父が反対したので、中学時代頃から何となく法学部を志望先に絞っていたのである。

鹿児島での生活が三年経過した一九一〇年春に、いよいよ七高を卒業ということになった。東京、しかも東京帝大に進むことになったのには、父母はじめ家族たちも共に喜んでくれた。新居にとっては、小野塚喜平次や吉野作造ら優れた教授たちと触れ合い、指導を受ける東京における最高学府の学び・生活がついにすぐ目の前にやってきたのである。しかしまだ小野塚や吉野と特定の教授を決める段階ではなかった。神経衰弱などで決して良い思い出ばかりではない鹿児島時代であったが、最後は東京帝大の進学も決まって、新居も期待をふくらませて同地を去ることができた。

のちに、一九三〇年代に入ってからであるが、卒業後三度目に鹿児島を訪ねた際である。新居は「桜島の眺めはいつ見てもいい、湾内の風光も南国らしい感じが持てる」と言い、その上で鹿児島市内よりも、帰途に都城に向かう際に、眼下に見下ろした福山の海には雪白の、あるいは真っ赤な三角帆が浮かび、傾斜地には清麗な屋根、バルコニー等のある住宅が望める。その福山の町には深い感動を覚えた。「福山の町の地勢だけはわたしの幻想に近いものである」(新居格

「九州の春」『街の抛物線』尖端社、一九三一年）と何年経った後も記している。

それほど心には強く響く鹿児島とその周辺の景観ではあったが、このように本来行く当てもない土地であった。それだけに、最初から行く気にしていたのならまた鹿児島の印象も違っていたことであろう。

いよいよ鹿児島に別れを告げ、新居の生涯に於いて最も長くなる東京の生活の始まりであった。

2　東京帝国大学時代、そして卒業

(1)　東京帝国大学に入学

一九一〇（明治四三）年、新居は東京帝国大学法学部政治学科に入学する。高等学校が南の遠い鹿児島になったので、自分の間違いとはいえ、東京に出るのにずいぶん遠回りしたことになった。それでも、結局はもともとの目標であった東京帝国大学に進むことができたのである。

一九一〇年という年は、日本の社会主義にとっては、はなはだ不幸と言うしかない年であった。社会主義が運動として盛り上がり、結果として大逆事件が惹起されることになった。翌年にかけて前代未聞の大量の社会主義者の検挙、さらに処刑が行われた。社会主義運動は全国的に抑えられていく。大学時代、殊にその前半の時代には、教授も学生も社会主義が容易には研究対象に据えることはできなくなっていく。

新居格は、自分が徳島の中学時代に社会主義に深く触れ、そのために学業も犠牲にしたことを思い出した。一瞬寒気のようなものを感じた。そして高校・大学時代を通して、中学時代のことはやたらに言及することはできなくなっていく。同時に、彼は高等学校から大学の前半にかけての時期は、社会主義そのものを取り上げることをしなくなっていく。従って、いろいろ学ぶべき高等学校時代には社会主義を自分の問題から関心の外に置いていたのであった。社会主義がようやく自分の関心事になるのは、大学の後半に進み、卒業論文に取り組むようになってからである。

大学に入った新居は、やはり従来と生き方を変えていた。例えば、高等学校までの勉学は多くは受け身のためのものであった。自分で将来を考えて、積極的に選んで学ぶというものではなかった。ところが、大学に入ると教科の多くは自分で選ぶものであった。一つ一つ自分で考えながら選ぶのであった。一年ごとに上に上がるにつれて、その点ははっきりしてくるのであった。

一九一〇年の東京帝国大学同期には、同じ法学部には河合栄治郎、唐沢俊樹、神川彦松、高木八束、河上丈太郎、田中耕太郎、土方成美ら、また国文科には和辻哲郎らがいた。錚々たる面々である。

面白いのは、新居が同期生たちの回想・評価をする際には、思想的相違や進む道の相違では差別していないことである。新居とは思想的に正反対の位置に着く土方成美に対しては「政治科だが経済科の秀才に土方成美君が居」たと評価したり、官僚になった「今の土木局長唐沢俊樹君が僕らのクラスで首席だつた」と評価したりしている（新居格前掲『生活の錆』）。

中学時代に留年などで余分に年月をかけていたので、新居は、この東京帝大入学時には二二歳になっていた。しかも、早婚のため、東京帝大入学時にはすでに長女（美代子、一九〇五年一一月出生）、次女（好子、一九〇七年一二月出生）が誕生していた。その上、東京帝大に入学した年には長男（俊一、一九一〇年九月出生）も誕生する。なお、前述のように、長女は二歳の誕生を迎える前の一九〇七年七月に夭折している。新居の七高入学直後で、次女・好子が誕生する前のことであった。

鹿児島から上京して以後の最初の住まいはというと、新居はそれほど真剣に考えたとは思えない。「弟妹と一緒に中野電信隊前の畠の中の家であった」という。妻と家族は長男の出産もあり、当初は郷里に残し、「炊事は雇つた婆さんがやつてくれてゐた」。彼はそこから本郷の東京帝大に通った。しばらくして、「小石川金富町の四軒長屋に住んだ」（新居格前掲『心の日曜日』）のだった。

住まいについて言えば、大学を出てからは、東京でも牛込周辺に住むことが多かった。最初の頃は中野、下戸塚町、次いで加賀町で、森戸辰男が近くに住んでいた。その後、勤め先が大阪毎日新聞社に変わり、関西に移り住むことになる。

一年ほどの関西生活を切り上げ、帰京して朝日新聞社に入社、しばらくして朝日新聞社を辞めてからは高円寺に住む。まだ豊玉郡高円寺町の頃であった。そこには多くの知友が訪ねてきた。与謝野鉄幹夫妻が訪ねてきたこともあった（新居格前掲『心の日曜日』）。その後、同じ高円寺でも五丁目、さらに三丁目と引っ越した。

このように転々とした住居歴を振り返りつつ、新居は自らの人生観を披露している。彼は言う。「わたしの居住の歴史は偶然に運ばれて来たものばかりだが、居住は元より、考へてみると、職業、恋愛、結婚，交遊その他人生の幸不幸の大方も殆ど偶然が決定してゆくやうに思はれる」（新居格前掲『心の日曜日』）。いかにも新居らしい悟りきったような境地である。

東京帝国大学時代には、小野塚喜平次、吉野作造を中心に、金井延、松岡均平、松本烝治ら優れた教授に触れ、指導を受けることができた。最初から官公庁や企業への就職は頭になく、「文官試験の受験を罷めて、小野塚喜平次氏を指導教授になつて頂いて政治学を専攻することに」（新居格『風に流れる』新時代社、一九三〇年）した。将来に向けては、研究者志向であったといってよい。

これらの教授陣については、新居はよく観察している。後に一人一人を回想し、彼なりに評価もしている（新居格前掲「師の思ひ出」『心の日曜日』）。ただ、吉野作造に対しては別格の高い評価を下しているが、決して全ての教授をよく評価しているわけではない。厳しい批判を加えている教授も沢山いる。ただ、社会的活動という点では、新居がもう少し関心を持って良いと思える高野岩三郎については、名前は上げているが、特に深く言及することはしていない。新居の専門が政治学であり、その点では関心が合うはずであった。

当初、新居の指導教授は昭和になって東京帝大総長に就任する政治学の小野塚であった。しかし、サンジカリズムやギルド社会主義に興味をもつようになるので、小野塚は、新居の指導を彼のテーマに比較的近い吉野に依頼する。

新居は、吉野には、講義や研究会で指導を受ける機会をもった。特に政治研究室に所属するようになってからは、興味を持つ論文の指導を通して個別指導を受け続けた。それらを通じて観察した吉野や小野塚らの生き方を見て、何となく新居は自らも大学所属の研究者になれたら、と考えるようになった。

しかし、実際に卒業時や卒業後も、またその後の就職や仕事も、研究者志望を変えることはなかったものの、結局研究者になりきることはできなかった。それでも吉野らの世話になることが少なくなかったのである。

そのような吉野については、新居は「図々しさのために吉野博士を知り、爾来如何に随分お厄介になることが出来たか。博士はわたしが無能であるにも拘らず推挙（「大阪毎日新聞社」に）され、また庇護（東京朝日新聞社時代に）して下さったことか」（新居格「吉野博士」赤松克麿編『故吉野博士を語る』中央公論社、一九三四年）などと、謙遜しつつも、心を込めて回想している。

小野塚についても同様で、彼に対する新居の敬慕の念は消えなかった。「恩師小野塚教授に対する敬慕は依然として深く、同教授の好学的良心とその先鋭な頭脳とに想い及ぶと、今尚粛然たるものに打たれる」（新居格前掲『風に流れる』）と回想している。

いずれにしろ、学生時代に吉野と小野塚という生き方、学問に対する姿勢がかなり異なる二人の偉大な学者に触れえたことは、新居にとっては大きな財産となった。両教授は同じ研究室にいるので、等しく長きに渡って触れ、あるいは観察しつつ、指導を受けることになった。新居の人生にとっては、人となりを豊かにしてもらえた点で、宝物のように意味のある大切な触れ合いの時期であった。

ただ、この東京帝大時代は、「僕はチツとも面白くない寄席に行つてゐるやうに、大学へ通つたに過ぎぬ。大学へ勉強するつもりで行つてゐるのではなかつた」（新居格前掲『生活の錆』）と、当時の東京帝大の授業・講義を斜にみていた。また、同期にも多くいた知事など官僚になったものや学者になったものに比べて、自分は大学の伝統、つまり官公庁重視の姿勢とは逆の「人生の裏街通りを歩きだした」（同上）と茶化すように、まともには表現していない。

もっとも、同期には大学の教授になったものも少なくなかったことが、新居は、彼らにならら社会と結びつく研究や活動姿勢では自分なりに負けないといった気概・自負のようなものを持つようになる。と同時に、新聞記者になった後も、彼に依然として大学教授の夢を捨てさせなかった。一方で吉野らへの憧れ、他方で同期の学者になったものなど多くの学者の社会的認識の弱さを見る厳しい目を、新居の生き方、就職など仕事の選択や希望を考える場合、忘れてはならないであろう。

（2）東京帝国大学を卒業

新居の場合、東京帝国大学時代に忘れてはならないことに、大学に入学した翌年二月に、父譲が亡くなったことがある。父親が存命の間は世話、あるいは迷惑を多くかけ通したのに、恩返しどころか、まだ独立・自立した姿さえ、父に見せることができなかったのである。学費どころか一家の家計の世話まで丸々見てもらうことは、今ではそうそう考えられないことである。

しかし、新居にとっては、心の負担になりかねない父の重しがなくなり、精神的には楽になったことは間違いない。とはいえ、やはりいずれ父に安心してもらうように、しっかり成長した姿もみせたかった。それが父の死で出来なくなった上に、以後も永遠に不可能になったのである。

一九一六年、新居は、東京帝国大学法学部政治学科を卒業する。就職も決まらず大学の研究室に戻ると、以前と同じくサンジカリズムの研究に力を入れた。しかし、特に重要な論文をものにできたわけではなかった。大学時代はというと、さすがに一九一四年、さらには一九一五年にもなると、時代は少しずつ変わっていた。話題にできるテーマも社会主義を含め広くなっていた。地方でも社会主義に触れる文献が出始めていた。新居の周りでもそのことは明らかに変わりつつあった。彼はそんな雰囲気の下で東京帝国大学で学び、そして終えることになった。

すでに新居の在学中の一九一四年には、三女の多美子が誕生（一九一四年六月二〇日）しており、卒業直後の一九一六年には四女の美智子も誕生（一九一六年十月八日）する。この段階で、家族は妻、次女であるが、長女の役割を担うことになる好子、長男の俊一、それにまだ乳児の多美子と美智子、そして自らを含めて、六人となっていた。

大学卒業後は、六人もの養育や生活も自らに負いかかってくる。学生でいる間、あるいは父の存命中は、郷里の両親からの仕送りで生活は守られていたので、生活を維持する経済的苦労、家族を支える責任も他人事の面があった。

ところが、大学卒業、就職・自立ということになれば、自分と家族の生活はそうはいかなくなる。社会に出ることになれば、いつまでも両親に依存し続けるわけにはいかなくなるからである。

それにしては、今の考えからすると新居が就職活動にそれほど真剣に打ち込んだ様子は見られない。昔と今の就職の仕方が相違するように、卒業後、就職に関してはいろいろ考えてみるが、結局のところ、大したこともせずに一年ほどは定職もないままぶらぶら過ごすことになった。

そうできたのは、何よりも家族持ちの学生である息子のために父母の経済的援助が続いていたからであった。また当時は大学卒業をする者は少なく、「末は博士か大臣か」の名残りの時代で、大学生の就職探しは、在学中に行うのではなく、一般的にのんびりしたものにうつっていた。

それに、新居が一般の就職よりも大学で学者になる希望をどこかに持っていたことも絡んでいた。他の誰もがそう思わなくても、新居に関しては心のどこかにその点が関わっていた。結局、彼は卒業時に、今のように一斉に就職することもしなかったのである。

「後になつて思ひ出すのだが、凡そ学問に才なく、怠慢とよしなき空想とを愛するわたしがよくも図々しく学徒の真似事をしながら、政治学の研究室に出かけたなんて全く冷汗ものだ」（新居格前掲「吉野博士」赤松克麿編『故吉野博士を語る』）と、ここでも、新居が自らを卑下するほどに謙遜しながら、吉野とその時代の自分のことを回想していることが思い出されるであろう。

時代が大正に入り、大正が進行すると、時代は明治を離れて少しずつ変わりつつあった。そんな時に、新居はいよいよ東京帝大を卒業する。東京帝大でも、吉野らは少しずつ前向きに変わりつつあった。吉野は、次第に積極的に発言するようになったのである。今日では無名に近い上田蟻善が『へいみん』（一九一四年十一月）を刊行し、あるいは一九一六年には、西原和治が『地上』その他を刊行する時代であった（小松隆二『日本労働組合論事始』論創社、二〇一八年）。明らかにそれぞれの役割が積極的になりつつあったのである。

そのほか多くの人々がこの時期に労働組合や社会主義の機関紙・誌や読物に挑戦した。いずれも一九一七年以降に次から次へ世に送り出される労働組合や社会主義の文献のきっかけになるものである。明らかに時代は変わりつつあった。

こんな具合に大正が進み、新居は少しずつ、時代の変化や影響を受けつつ、社会に出ることになったのである。

（3）入社を先に延ばす新居

新居は、このように一九一六年に東京帝国大学卒業後、いきなり新聞などジャーナリズムの世界に飛び込んだのではない。今のように何が何でも就職先を卒業前に決めるという考えではなかった。一般が大体そうであった。それでも最初の就職先は、どういう訳か本州を遠く離れた満州に位置する満鉄（南満州鉄道株式会社）であった（和巻耿介前掲『評伝　新居格』）。

数多くある就職先から、新居がまず最初に満鉄を選んだのはやはり意外である。多分、満鉄が就職試験としては結局自分が落ち着くことになるジャーナリズム等の会社に似た側面があったことや、それらの会社よりも入社試験が先にあったからであろう。

事実、満鉄と言えば、営利のみでなく、調査・研究にも力を入れていると考えられた。ただ、好んで入社したわけでもなかったので、その後、それ程大きな夢をもったわけではなかった。だから当時は意外に冷静に社の空気を観察していた。その点では自分の考えるものと現実は大きく違っていたのであろう。雰囲気・肌合いも合わないと思ったのか、たった一日の出勤で満鉄を退社することになる。

彼は東京帝大時代に将来を考えるとき、最初から皆がするように官公庁などを大事に扱うつもりはなかった。また大企業など営利会社で働くことはほとんど頭になかった。つまり希望すれば進めた官公庁にも、大企業にも進もうとはしなかったし、判事や弁護士など法曹の世界にも、興味はなかった。小説など作家・文筆家はかすかに視野には入っていたが、まだ十分に修業も積んでおらず、当面の進むべき道とは考えていなかった。残るは学者などの大学教授や新聞などジャーナリズムの世界であった。

新居は学生時代から、勉学や読書は嫌いではなかった。それに、眼前に吉野ら優れた学者が教科書のように生き方を示してくれていた。それだけに、おぼろげに期待としては、学者の道も視界に入っていた。ただ学者になるには広い濫読型や趣味型の学習のみでなく（もっとも本人は自らの学習・読書姿勢を濫読型ではないと言っている）、法学や政治学の主要な領域・課題で特定のテーマを深く掘り下げ、しかもオリジナルな成果を出すことも必要であった。

確かに、新居はオリジナルな発想では優れたものを持っていた。その点では大いに評価されなければならない。しかし、卒業時には特定のテーマを深く掘り下げるとか、何か見方に特徴があるとか、学習・研究姿勢にはまだ優れた特徴はなく、小野塚や吉野ら指導教授から大学に研究者として残るようにといった声がかかるほどではなかった。友人からも学者向きとは見られていなかった。

満鉄を辞めた後、新居はまた東京帝国大学法学部の政治研究室で吉野らの指導を受けることになる。しかし、彼らはすぐに新居に仕事を紹介してくれることもなかった。そんなことで、卒業後一年ほどは外から見たらぶらぶらと過ごすことになっていた。そのような生き方は別に新居のみに当てはまることではなかった。卒業までに就職を決めないのは他にもいくらでも見られることであった。

そのような流儀は、当時はごく自然のことであったのであろう。大学の場合、今のように一斉に卒業時までに就職を決めてから、三月に卒業し、四月には就職するということではなかったからである。

ともかく新居は妻子を抱えた身でありながら、一年間就職先もなく、当てのない時間を過ごすことになった。といっても、まもなく読売新聞社の話も入るので、実質は九ヵ月ほどの間であった。その一年間をどのように過ごしたかと言えば、新居の心を探る以外になく、ただ想像する以外にない。しかし、今のように焦って毎日次の会社を探すというものではなかった。

第二章　新居格の新聞社への就職

1　読売新聞社への就職

(1) 読売新聞社時代

新居格は、一九一六年に東京帝国大学法学部を卒業し、社会に出た。学生を終え、社会に出ることは大きな変化を意味していた。もはや、亡くなったばかりの父をはじめ、誰もが自分を見る目を変えていた。新居もその点は良く理解していた。しかし、就職は思い通りには希望先が現れず、先に延ばさざるをえなかった。あれこれ将来を考えたが、なにも慌てることはないと諦めることにした。

そんな時に、一九一六年の終わり頃であったが、新居はたまたまそれほど面識もない読売新聞社の主筆・金崎杏葉（賢）から手紙を受け取った（新居格「新聞記者の思ひ出」『文章倶楽部』第九巻二号、一九二四年二月）。読売新聞社の入社に絡むものであった。読売は人材を探していたのであるが、そういう事情の読売側から声がかかったので、大いに嬉しかった。頭を下げずに入社できる、とまだ仕事口のなかった新居は喜んでその申し出に応じたのである。

この読売新聞社が新居にとっては最初のまともな就職先と言ってよいものであった。すでにだいぶ前に満鉄はわずか一日で退社していた。

当時、読売には、上司小剣、窪田空穂、土岐哀果、青野季吉ら作家、歌人、評論家、翻訳家が在社していて、文芸的新聞を特色としていた。新居に割り当てられた仕事は、そのような文芸畑ではなく、いきなり社説の執筆と政友会担当であった。社説も新聞記事も初めての経験であった。何しろ新聞社自体が初めての仕事であった。それでも、その仕事は必ずしも自分に合ったものとは思えなかったが、何とかこなすことができそうであった。何しろ社会に出て初めての仕事であり、何も準備ができる当てもなかった。ともかく仕事は何であれ、受けざるをえなかった。

そんな訳で、読売の仕事に関しては何もかもが初めてのものだった。社説も、記事を書くことも全て初めての仕事であった。ともかく仕事は仕事と受け止めざるを得なかった。それでも何となく希望ももてた。それが新居流であった。

初月給は三五円であった（新居格前掲「新聞記者の思ひ出」『文章倶楽部』第九巻二号）。新居としては家族の生活を十分に支えるほどのものとは思わなかったが、納得する以外になかった。

かくして、新居が社会人として船出したのは、東京帝大の政治研究室で指導を受けた吉野らが大正デモクラシー運動に本格的に乗り出す直前の時であった。大正八年に、吉野は足下の東京帝大でも、早稲田大学の建設者同盟と共に戦前の学生運動を先導し、また人材を輩出し続ける新人会も組織する。その吉野らの社会的に生きる姿勢は、新居にとっては実に頼もしいものであった。彼の新聞記者時代、そしてその後の人生・姿勢の範となっていく。

この頃のことを思い出す度に何となく学者が自分に相応しいものに思えてきた。同時に、たまたま彼は大阪勤務であったが、自らも吉野の先導する新人会の活動に参加することもあった。

そんな大正デモクラシーが本格的に動き出す面白い時代であったが、一九一七年、一八年の二年程読売新聞で働くうちに、社長の秋月左都夫と新たに入社したばかりの主筆・伊達源一郎と対立してしまう。意見・主張がかみ合わないのである。しかも彼を世話した主筆・金崎杏葉も社長の方針とあわず、社長が主筆に外部から伊達を迎たので、退職した。それに合わせて、勢い新居も辞表を書くことになった。

新居は、人が解雇されるには第一に無能であること、第二に怠惰であること、第三に危険思想の所有者であることの三つの理由があると指摘している（新居格「ユモラス・ギロッチン」『季節の登場者』人文社、一九二七年）。新居は、自分は読売時代には無能ではなく、また危険思想家などでもなかったと断定しているし、怠け者でもなかった、という。ただ、言いたいことを率直に言うことと、「怠けるものの如き風貌を有せる」（同上）ので誤解を受けやすいとは言っている。

新居は、この読売新聞社を皮切りに、以後、時には吉野らの世話になりつつ、比較的短期間の在籍で、関西の大阪毎日新聞社、ついで関東の東洋経済新報社、さらに東京朝日新聞社と新聞社・出版社を渡り歩く。それが彼の新聞社等に寄りかかる独立前の姿であった。

（2）大阪毎日新聞社時代

新居格が読売新聞社を辞めて、大阪毎日新聞社に移ったのは、一九一九（大正八）年の初めであった。それでも読売には二年ちょっと在社した。新聞社とは、あるいは記者生活とはどんなものか、わかりかけた頃であった。同時に言いたいことも言うようになって、上司どころか社長ともうまくいかなくなることもあった。

それでも、記者生活の厳しさ、それでいて研究、創作などいろいろの関心も消えず、このままではいけない、もっともっと勉強して、自分を高め、納得できる仕事に就かなくてはならないという自覚や反省の心は常に持っていた。

新居が読売を辞めて、関西の大阪毎日に移ったのは、自らの向上心やより高くありたいという挑戦心からではなかったか。新居自身吉野の世話になったことはあげている。ただ吉野の役は受験後の推薦の役ではなかったと思われる。もし新居の大毎入社が吉野の紹介であったとしたら、大毎も新居の納得を得ないで、簡単に解雇などしなかったであろうし、新居ももう少し慎重に振舞ったはずである。

そんなことで、新居が関西で仕事をしたのは僅か一年程にすぎない。本人は大阪毎日新聞社に入ったのは、一九一九年と記しているので（新居格前掲『心の日曜日』）、それから一年も経っていない翌一九二〇年一月末には、解雇により、退社することになる。

それ以前になるが、関西では、最初は京都の浄土寺町に住み、後半は大阪・箕面の新しく拓かれた住宅街（大阪府豊能郡箕面村桜井新市街）に住んだ。

大阪毎日での仕事は、読売新聞時代に経験している社説の担当から始まった。関西でも、新居が大毎に就任する頃から、にわかに社会運動・労働運動が盛り上がってきた。労働組合の結成、労働争議・団体交渉の増加が目立ってきた。新居はそれらに目を向けて社説にも取り上げた。

その一年の間に、新居は学者、評論家、作家、画家など文化人とよく交流した。住まいが近かった京都大学教授の佐々木惣一はじめ、いろいろの人を訪ね、交歓することもした。その一環で、関西の著名人を集めて懇談・交流する集まりを定期的に開くこともした。そのことが、新居にもプラスになり、社外の仕事として論文、エッセー、小説などに手を染める機会を多く与えられることになった。

その点で、この短い大阪時代は、新居には将来に向けて可能性が開けるような明るい展望を持つことのできた時代ともなった。

そのように、新聞記者生活に深く入りこんでからも、新居は学者の道に関心をなくしてしまうわけではなかった。と言うよりも、その道に関心を深めていた。特に大阪での一年間は、社外の文化人と交流を深めると共に、社外の雑誌類に論文やエッセーを書く機会が増えていた。

その分、記者生活の方に食うための宮仕えという飽き足らぬものを感じ始めていた。むしろ思想家、学者、作家などのように他にへりくだらないで、生きていける自立的生き方への夢をあきらめずに持ち続けていく（和巻耿介前掲『評伝　新居格』）。吉野ら学者たちの一部の者が大学に所属しながら、学者として一匹狼のようにある程度自由に振舞っているのが、羨ましく思えたのであった。というより、それが彼の理想的な生き方に通じるのであった。

そんな中で、その箕面桜井に住んでいた一九一九年秋頃、京都大学から政治学史担当の講師の

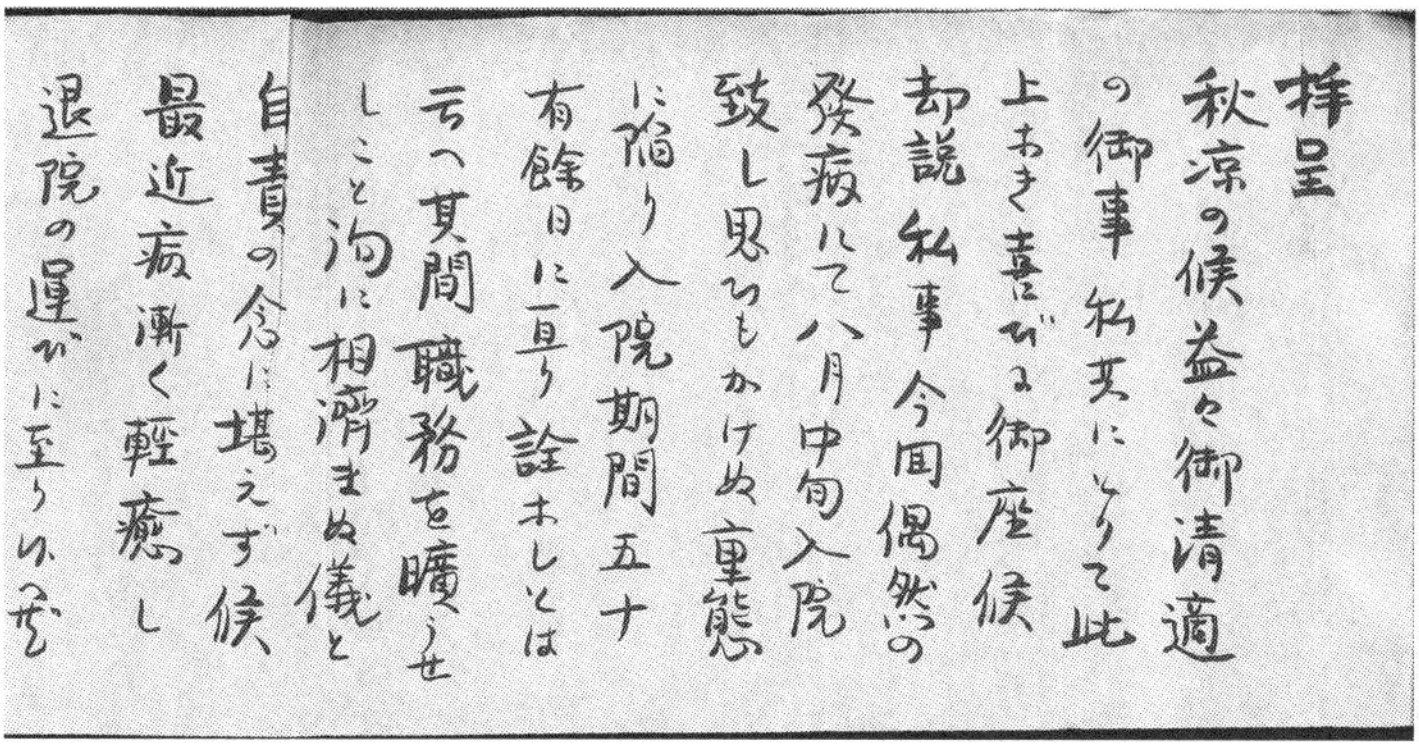
拝呈
秋涼の候益々御清適
の御事私共にとりて此
上なき喜びに御座候
却説私事今回偶然の
発病にて八月中旬入院
致し思ひもかけぬ重態
に陥り入院期間五十
有餘日に亘り詮なしとは
云へ其間職務を曠うせ
しこと洵に相濟まぬ儀と
自責の念に堪えず候
最近病漸く輕癒し
退院の運びに至り小生

新居格の本山彦一宛ての手紙の一部

話が舞い込んだ。新居は三二歳になっていたが、大いに関心を示し、京大と話し合いを持ち始めた。

　この京都帝大からの話は、新居もうれしかったし、その気にもなっていた。新居としては、外見からしてカッコよく、やる気を相手に感じさせるタイプではなかったので、自身も大阪毎日の上司の評価があまりよくないことは分かっていた。それだけに、京大からの申し出はうれしかったのである。

　ただちょうどその頃、新居は大病に苦しめられる災難に遭う。急性中耳炎、さらに丹毒に侵され、高熱と痛みに悩まされる。たまたま、その頃の彼の状態と気持をうかがわせる書簡が残されている。大阪毎日新聞社長の本山彦一に宛てた新居の書簡である。その一部を引いてみよう。

「私事今回偶然の発病にて八月中旬入院致し思ひもかけぬ重態に陥り入院期間五十有余日に亘り詮なしとは云へ其間職務を曠《むなし》うせしこと洵《まこと》に相済まぬ儀と自責の

念に堪へず候……

今日は西村氏わざわざ箕面の陋宅に御足労下され氏を通じて御懇篤なる御言葉を拝承せしのみならず実に結構なる御見舞まで賜はりし事洵に有難く御礼の言葉もこれなき位にて衷心深く感激仕り候　御恩義に報ゐんはなるべく早く健康を回復し微力の続く限り益々社務に全熱的努力を傾倒するより外はあらじ今更乍ら決意を新たに致し候……」

なお、その書簡には追伸があり、そこには佐藤博士から話のあった京都帝大講師の話が最終的には、森口助教授の外遊予定の変更など京都帝大の内部事情で実現しなかったことが記されている。

京都帝大の方から声のかかった話なのに、最終的にはうまくいかなかったのである。当然、新居はがっかりする。その分、しばらくは大阪毎日にへばりつかざるを得ず、大毎の仕事に全力専念する旨社長に書かざるを得なかったのであろう。

しかし、社の新居に対する対応は甘くなく、現場に復帰してしばらくすると、大学教授や社外の活動に関心が強いとみられた新居は、解雇を通告されることになった。そうなって、新居は改めて、「僕は滅茶苦茶に休んだから」（新居格前掲「ユモラス・ギロッチン」『季節の登場者』）と病気などで休みが多すぎたことを自覚した。新居としても、京都帝大の話がうまくいかなかったこともあり、解雇通告を機に関西を離れ、東京に戻る道を選ぶことになる。

かくして、新居は、一九二〇年一月三一日付で、論説室付を最後に、大阪毎日新聞社を退社した。なお、それを記録する大阪毎日新聞社（現・毎日新聞大阪本社）の人事資料には、新居格は「新井格」と誤記されたままである。

ただ、新居にとって有難いことに、大阪を離れる前に雑誌社への入社のメドがほぼたっていた。先のことも分からず、関西を離れるのでは、家族をかかえ、不安この上ないことであったが、とりあえず危機は回避しての帰京となった。もっとも、この頃には身体が普通の人より大きく見える大柄の状態は、見る者を驚かせた。

以後、三年余は出版社、新聞社勤務を続けるが、関東大震災を機に新聞社勤務の宮仕えは終わることになる。と同時に、以後亡くなる戦後の一九五一年までの三〇年余りは、東京中心の生活となる。その点では落ち着くことになるが、しかし大きな変化が待っていた。

（3）帰京、東洋経済新報社を経て東京朝日新聞社に入社

大阪を離れ、東京に戻ってからの新居格は、東洋経済新報社、ついで東京朝日新聞社に在籍する。三二歳になった一九二〇年頃のことであるが、その頃からは、吉野作造らが先頭を走る大正デモクラシー運動がさらに盛り上がる。それと共に、あらゆる社会運動・社会思想が高揚する。

それにあわせるように、新居としても、市民の生活や文学に加えて、宗教、社会思想・社会運動、特に大杉栄らの運動とアナキズムに強い関心を示しだす。もはや普通の新聞記者ではいられ

ない状態であった。

ただ東洋経済新報社の柱は経済であり、文学、社会運動・社会思想は脇役であった。同社の中心には、高田早苗、坪内逍遥、市島謙吉と共に早稲田大学の「四尊」と言われる経済学者の天野為之、それに三浦銕《てつ》太郎、石橋湛山ら早稲田大学の関係者が、自由な雰囲気、学術的で堅実な気風をつくり出していた。

ただ、給料もそう高くなく、家族を支えるには十分ではなかった。すると、同社は新居にとっては、次へのつなぎ的な就職先とならざるを得なかった。その間、社会運動・労働運動はますます高揚しつつあった。

そんなときに、朝日新聞社への入社の話があり、それを受けることにした。東洋経済新報社には、本格的活動はこれからという一〇ヵ月ほど在籍した時であった。一九二〇年秋であったが、新居は東洋経済新報社から東京朝日新聞社に移ることにした。仕事の内容は既に承知しており、新聞社の仕事なら大体見当がついた。

朝日では、当初は地方版の記者であったが、すぐに新居の希望を生かせる学芸部に異動する。報道・執筆も、文学や文化をめぐるものから、市民生活、社会評論、社会思想・社会運動に関わる記事、エッセーが目立つようになる。背景には、恩師の吉野作造らが先導する大正デモクラシー運動の高揚とその影響を受けた民衆本位を求める動向があり、新居にとっては追い風の時であった。

もっとも、当初はそれほど本格的な執筆、深い内容の記事、論説、エッセーばかりではなかった。社外に発表する論説も、論文としてのまとまり・論理も素人っぽいものが目立つ。それでも、次第に新居節と言える調子が押し出されてくる。

大阪から東京に戻った頃は、住宅事情が良くなく、満足な住居に住むことができなかった。そんな自宅に植村正久が訪ねてきたことがある。新居は一時教会に熱心に通い、植村とも交流するほどであったのに、多忙さや宗教を超える社会的関心への傾斜で、教会には足が遠のいていた。植村はそれを心配して、また教会に顔をだすようにという説得の来訪であった（新居格前掲「居住の歴史」「師の思い出」『心の日曜日』）。

新居としては、時と共にキリスト教や教会よりも、社会的運動やその動向への関心が大きくなっていた。実際に、社会運動団体や指導者たちとの交流が深まろうとしていた。また勤務先の新聞社に劣らず、社外の雑誌・機関誌類への寄稿も増加していた。例えば、『国家学会雑誌』『労働文学』『早稲田文学』『婦人公論』『先駆』『新潮』『改造』『我等』『女性改造』『新文学』『新小説』『新公論』『社会思想』『解放』『文章倶楽部』『野依雑誌』『大東公論』などである。新聞社の宮仕えの仕事・本務よりも、社会的関心・活動が目立ち、むしろ社会評論家や社会思想家の印象を与えるほどにもなりつつあった。

たまたま、新居が関西に居る一九一九年六月から七月にかけて、東京において著作家組合が結成された。新居もそろそろ著作家の自覚も出始めていたし、新聞人も何人か加入していた。しかし、彼は此の組合には参加していない。在京で、かつ一九二一年の最初の著書『左傾思潮』の刊行後なら、おそらく加入したであろうが、そこまでは整っていなかったのである。

そんなこともあったが、東京に戻った新居は多様多彩な雑誌・機関誌から原稿を依頼されるようにはなっていた。それでも、新居は絶えず自分の勉強不足・研究不足を反省していた。それが新居らしいところである。特に年初めなどには、好きなカフェやレストラン通い、趣味の演劇や映画の観賞、それに酒やたばこを減らすことで、生活態度を改め、研究とその成果の蓄積に打ち込む計画を立てたりもする。しかし、いつも計画倒れで、実行は伴わなかった。節約して小遣いを回すのだが、それでも十分ではなかった。

ただ、そのように社外の機関紙・誌に自由に論文やエッセーを書くようになると、むしろ特定の新聞社の記者のままでいる自分の置かれた位置や立場、あるいは枠や限界に不満を抱く気持が増幅してくる。如何に新聞社・ジャーナリストには言論・活動の自由があるといっても、特定の新聞社に属する以上、その理念、規則、方針、また社会的な公正や中立論に拘束され、各人の自由にも限界があるからである。

朝日時代の一九二一年七月の日記には、「僕は思想家である。僕は学者でもある。芸術家でもある。そして著作で生活するのが主である。……記者であること、記者をしなければ食えないことは恥だ。思想家生活、学究生活、創作生活を以て自分を考察すべきである」(和巻耿介前掲『評伝　新居格』)とまで書き留めている。引き続き学者などになって、自由に筆を執り、活動もできる夢も持ち続けていた。新聞記者の方が他の職種よりも自由に思えるのだが、必ずしも新居はその点に気づいていなかった。

もっとも、新居が学者生活といっているのは必ずしも東京帝大など大学に残ることだけを考えていたということではない。大学に残ることも希望していたが、学究生活の他、思想家生活や創作生活とも言っているように、宮仕えの形を抜けだして、誰にも気兼ねなく自由に発想、思想形成、執筆、発表することが目標であった。

彼が長く学者の道に関心を残し続けたのは、東京帝大卒業直後、満鉄に入社するのを辞めた後、同大学法学部の政治研究室に戻ったこと、読売新聞社に入社してからも、政治研究室に通い続けたこと、大阪毎日新聞社、朝日新聞社時代にも研究者的生き方も行っていたこと、また大学や図書館に通うことを続けていたこと、さらに大学教授の就職には関心を持ち続け、実際に就職の話に乗ったことにもうかがえる。

その際、学者にばかり言えることではないが、学者の場合にしても、「わたしは長いものに巻かれよ主義の小利口な書生哲学を排斥する」（和巻耿介前掲『評伝　新居格』）と、新居が言い切っていることを忘れてはならない。彼がそのような研究者・大学教授を目ざしていたのなら、本物の研究者・大学教授が誕生する可能性があった。その点で、新居が容易に大学教授になれなかったことが残念でならない。新居の大学教授の姿を是非みたかったものである。

2　最初の著書『左傾思潮』の刊行とビラの運動的評価

（1）『左傾思潮』の歴史的意義

東京に戻って一年半ほど経った一九二一年九月になると、新居格にとっては一歩踏み出す記念すべき大きな出来事がやってくる。初めての単行本刊行の機会の到来である。雑誌類に発表済みの論文・エッセーを集めたもので、一篇を除いて大阪毎日新聞社を退職して帰京してから、特に朝日新聞に入社してから諸雑誌に発表したものであった。『左傾思潮』（文泉堂書店、一九二一年）のタイトルで世に送り出される。明治の時代とは大きく変わって、社会運動・労働運動が高揚している時だけに、時代によく合ったタイトルであった。新居、三三歳の時である。

たかが単行本の発行と言われそうであるが、やはり最初の著書の発行は、当の新居にとっても忘れられない重要な出来事であった。

同書は函付きで二八〇頁のしっかりした造本である。文泉堂書店の遠藤孝篤の強い懇請に応えたものであった。新居が頼み込んで発行にこぎつけたのではなく、出版社の方からの声掛けで、新居にとっては有難い申し出であった。そのため、単著の最初の刊行という結構大変な事業が思いがけず簡単に実現できた。物書きとしては恵まれたスタートであったといってよい、

その最初の著書に、新居は自らを彼らしく「無名」とか「浅学にして幼稚なる評論家」と称し

ている。もっとも、新居とてもただへりくだっているだけではなかった。「無名のものにも小さな存在を許してもらへる権利はあると信じて敢て出版の運びを取つた」（新居格前掲「自序」『左傾思潮』）とも加えている。

それに、自身の造語である「左傾」をタイトルの冠に用いたのは、いかにも新居らしい。ただ「左傾」といっても、彼好みのサンジカリズム、直接行動論、革命論、産業民主主義（G・D・H・コール）、仏・伊の左翼運動、小川未明やクロポトキンやトルストイの一面などを中心に、知識階級や民衆のこと、ユダヤ人問題、広範な「左傾」動向を評論したものである。彼の好み・傾向は出ているが、まだサンジカリズムやアナキズムの色をもっぱら強く打ち出すことはしていない。大杉栄らにしても、なおアナ・ボルの連携・共同の可能性を追求していた時代であり、新居のアナキズムへの傾斜・接近はなおこの先のことである。

いずれにしろ、『左傾思潮』は一見平凡のように見えて、新居以外の人には発想しにくい個性的なタイトルである。社会主義や共産主義などの一般的用語とは違って、「左傾」にはオリジナル性や個性がうかがえる。意外に時代を超えて生き続け、個性を失わない面を持っている。現に、今日に至っても魅力的な一面を持っている。新居の著作の中では、戦前最後の著作で、戦時下の隠れた抵抗の書でもある『心の日曜日』とともに、今も人気があり、古書の値段もそう安くはない。

ちなみに、『左傾思潮』の段階では、本書「第六章　新居格の業績」で指摘する新居の色彩感覚豊かな文章表現はまだ見られない。まだそこまで文章の磨きや個性化への配慮は行き届かなかった。それでも、僅かにその芽は見られる。

例えば、「仏蘭西思想にだつて、灰色の倦怠と廃爛とがあつた」とか、「トルストイは上記の思想家に比して著しく着彩を異にする」（新居格前掲『左傾思潮』）と言ったところである。その他、「琥珀色の透き通つた酒は芳醇のうちに悪魔の誘惑が潜んでるやうに喜ばし気に泡立ち宴楽せる人達の囲んでる卓上には半裸体の女が立つて居た」（新居格前掲『左傾思潮』）などにも、後の新居らしい色彩感覚・表現の面白さの芽がうかがえよう。

また、最近パンフレットやビラなど小出版物の貴重さや良い意味での見直しがようやく言われるようになった。この大正一〇年の時点で、新居はこの著書で、ビラを芸術の視点から見、その役割に注意をうながしている。そのことは極めて早く、留意されてよい。「ビラが民衆の感情を代弁する」ようになれば、「ビラの芸術は蓋し街頭の芸術として軽視することが出来なくなるであらう」（新居格前掲「民衆宣伝の街頭芸術」『左傾思潮』）と言い切るのは、極めて早い段階での主張である。歴史的に見ても先行し、傑出している。新居は言う。

「ビラの芸術は端的に人間の感情を刺激する所に其の生命と意義がある。ビラは推進しつつある人生の現実を直截に反照する。過去や将来はビラ芸術の干渉事ではない。現在の感情、現在の思想傾向を表現の対象とする所に力があり、外象の客観的描写でなくして内的感情の抑へかたなき爆発的表明である所に価値がある。」

「ビラの芸術は真個の意味から云つて芸術であるかどうかは、所謂芸術家の気永き怠惰の考慮に任せて置けばいい事である。ただ、しかし乍ら、表現が端的である民衆の現実的痛感と響応する丈けに近代的民衆運動に取つて重大なる使命を持つものと云へる。」（新居格前掲「民衆宣伝の街頭芸術」『左傾思潮』）

ビラというものは、パンフレット類の小出版物と同様に撒かれたり、配られたりする。その撒かれたり配られたりする場から、どんどん捨てられることも珍しくない。渾身を込めて作り上げたビラでも、活かされたり保存されたりすることは稀である。それが小出版物、とりわけビラの運命である。新居は、そのビラに「表現が端的である民衆の現実的痛感と響応」などと、表現がストレートで直観的である民衆の現実的対応という役割や生命を与えようとしたのである。現在に至ってようやくパンフレットやビラ類が見直されているが（小松隆二前掲『日本労働組合論事始』）、この大正年間の認識は、大変先行する認識であったといえる。

（2）『左傾思潮』が新居にもたらしたもの

『左傾思潮』の刊行は、もう一つ新居の位置に大きな変化をもたらすことになった点を忘れてはならない。それは社会主義者・社会主義陣営との関係である。

『左傾思潮』の刊行までは、社会主義者とは、新聞社からの原稿依頼や情報収集などを行う一記者としての関わりであった。社会主義者から見れば、新居は自分たちをよく理解してくれる記者に過ぎなかった。社会思想や社会主義のことを取り上げてくれるのは有難いが、年齢も三〇歳ちょっとのまだ若手の記者でもあった。

ところが『左傾思潮』の刊行は、社会主義者たちから見れば、新居が記者を超えて研究者や思想家の域に進んだように思えた。少なくとも自分たちに近づいたと取ってくれたのである。ただ、自分たちを都合よく使う一記者ではなく、自分たちと対等の位置にたどり着いたと見ざるを得なくなった。あるいは隠れ社会主義者、少なくとも自分たちのシンパと受け取れるようになったのである。

現に、『左傾思潮』刊行(一九二一年九月一〇日)直後と思えるが、日本のトップの社会主義者たちが新居と会食を楽しむ写真が残されている。堺利彦、山川均、山崎今朝弥、近藤栄蔵、それに大杉栄ら当時の大物社会主義者たちがあたかも新居を囲むかのように和やかな会合をもっているのである。新居は大柄で恰幅が好いので、あたかも新居を中心にしているかに見える会合なのである。

この写真を掲載した森長英三郎『山崎今朝弥』(紀伊国屋書店、一九七二年)は、この集まりは売文社顧問会で一九二二年九月三〇日としている。この年月日には疑問が残るが、売文社の集まりであること、アナ・ボル対立激化前の当時のトップクラスの呉越同舟のあつまりであることは間違いない。その意味で一九二一年の末から一九二二年の前半頃の会合と思われる。『左傾思潮』の刊行があって、新居は社会主義者からこのような篤い扱いを受けることになったものであろう。間もなくアナ・ボル対立が激化し、堺、山川らと大杉らがこのように和気藹々と同席することもなくなる直前の時期である。社会主義者による新居に対する扱いで注意してよい写真であり、またアナ・ボル対立激化の前の呉越同舟の記念すべき会合の写真でもある。

その後も、新居は本務の東京朝日新聞社を超えて社の内外で執筆活動を続ける。時には社会主義やアナキズムのシンパのように主義者たちと個人的交流を行い、また集会への参加なども行う。ただ、そのようなあり方には、新居としても、組織人として許されるのかどうか、忸怩たる気持を持ち続ける。

にもかかわらず、現実には朝日新聞社に籍を置いたまま、社外での活動もかなり自由に取り組み続ける。社会主義・アナキズム関係者との交流は深まるばかりであった。すると、朝日の社内では、新居に対する同調の声よりも、批判の方が次第に強まらざるをえなかった。

その点では、朝日新聞社には比較的自由な雰囲気があるようでいて、中立なり、公平なりを売り物にする新聞社としての許容には限界もあった。当然、新居の姿勢・やり方、あるいは社会主義者や社会主義・アナキズム運動との距離には、社内では厳しい批判が少なくなかった。

もう少し先のことになるが、関東大震災勃発直後の混乱のさ中に、官憲・軍部に虐殺された大杉栄・伊藤野枝・橘宗一、平沢計七等の葬儀には新居も参列することになる。それらに対する朝日新聞社内からの新居批判を、新居も全く無視することができなくなっていく。

いずれにしろ、まだ若い三三歳の時の著作『左傾思潮』は、新居にとっては最初の出版なのに、実に多くの問題・課題を内包していた。最初の出版なので個人的には大変うれしいことであったが、個人的な充足感を超えて、新居個人に重大な転機を促す現実的動きが出てきたり、また個人を超えて今日にも示唆を与えたり、先行したりする課題や見方も含まれていたのである。

(3) 知識階級批判

新居の最初の単行書『左傾思潮』において忘れてはならない、もう一つの役割は、知識階級論が展開されていることである。これを見ても、吉野らの運動を多数の労働者の運動が追い越してゆこうとしていた。

大杉栄らは、ロシア革命批判の一環ということもあって、とりわけ労働運動における知識階級排撃を運動として打ち出した。それは、主に一九二一年以降である。その頃から、社会運動・労働運動領域においては、知識階級批判論が嵐のごとく吹き荒れた。論文など著作、あるいは演説会での批判、野次、乗っ取りなどの方法がとられた。主にアナキズム系からの批判である。特に労働運動の主流をなす日本労働総同盟系には、学生運動の盛んであった東京帝大、早稲田大学の学生運動団体出身の指導者が少なくなかったので、やり玉にあげられやすかった。

この問題は、知識階級の一員とみなされる新居としても無視して通り過ぎることはできなかった。特に従兄弟で敬愛する賀川豊彦も、また尊敬する恩師の吉野作造までも、知識階級批判の嵐にさらされていた。ただし、新居はまだ新聞記者であり、労働運動に乗り込んで指導者的役割を果たしていたわけではなかったこと、また指導者面をするような文章や姿勢は大嫌いであったこともあって、新居自身は大杉や労働者から知識階級である故に批判にさらされることはなかった。しかし彼の立場が次第に知識階級の批判という大杉らの主張に同調する立場に変わっていく。

新居自身は、知識階級論争では、知識階級の全てを、また一方的に批判・排撃することはしなかった。知識階級の全てが悪いというのではない。知識階級の役割は一定程度評価する。ただ、上から見下ろすような姿勢、知識をひけらかすだけの姿勢、観念的に訴えるだけで現場とのつながりを持とうとしない姿勢に対しては批判する。また、形式的な学識、人間的な上下意識、あるいは差別や貧困への無関心といった社会性の欠落したものについては、知識階級であれ、批判する。

新居は、雑多な知識階級が存在することを認め、ただ彼の考える知識階級は、「可也空漠たるものであると思ふ。従つてわれわれは其の概念を鮮快に決定する必要があると信ずる。わたしの所見に拠れば知識階級は真理を追索し若くは真理に依立して時代現象および組織を批判し而して人類的当為を志向するものでなければならぬ」（新居格前掲「知識階級論」『左傾思潮』）。そういう存在が彼の言うまともな知識階級なのである。すると、それらのできないものは知識階級を自称しようとも、本物の知識階級とは言えないのである。

具体的に見ても、資本主義の矛盾に目を向けないで、「其学智を驕傲不遜の資本主義に寄与して平然たる」銀行員や会社員も、万巻の書を読もうと、「真理を質入れして曲学阿世をする」学者も、批判力のない新聞記者なども、本物の知識階級ではないという。

また、新居は学校を出たかどうかという形式的なことは、知識階級か否かには関係ないと明言する。「学校の課程を了へたと云ふ空疎な根拠から不遜にも知識階級であると僭称する徒輩に深刻な反感を懐《いだ》ける」（新居格前掲「知識階級論」『左傾思潮』）のは、当然と考えるのである。

その点では、新居の場合、当時の大杉栄やアナキズム系労働者の徹底した知識階級批判や排激論とは必ずしも同一ではない。新居にとっては、大杉らが一面で評価しつつも、知識階級として厳しく批判した吉野作蔵、賀川豊彦らは真っ当な知識階級として評価し、尊敬できる人たちであったからである。決して吉野や賀川たちは批判すべき知識階級ではなかったのである。

この知識階級への批判でも、新居の柔軟性、また非形式主義や独自性がうかがえる。新居は、心情的には人間尊重・個性重視・権力の排除を重視するアナキズムに次第に引かれるようになるものの、何もかも大杉栄、石川三四郎、小川未明らと、またアナキズムの論理や主張とは同一ではなかったのである。

この知識階級論を含む『左傾思潮』が出版されてからほどなく、アナ・ボル連携は破綻し、大杉栄とそのグループ、またアナキズム系労働者による知識階級の排撃論が燃え上がる。そのやり玉には、新居の恩師の吉野作造、新居の従兄弟の賀川俊彦らがあげられる。新居は複雑な気持ちでその推移を見ていたはずである。

(4) 関東大震災の襲来と大混乱

そんな一九二三(大正一二)年九月一日、新居は個人的事由から出張していた関西の神戸から夜行列車で早朝に帰京する。いったん帰宅し、夜行の疲れをとった後に、彼等の言う「銀座裏の」朝日新聞社に出社する。

神戸に一〇日もいたのは、妹の工学士の夫が潜水艦の試運転で沈没事故の巻き添えになったことへの悔みや妹の支援のためであった。事故死ということで調査も長引き、一〇日ぶりの出社となったものであった。

しかるに、その日のお昼に、驚天動地の大地震の襲来に遭遇する。周りに対して欠勤と久しぶりの出社の挨拶などを終えて、三階の自分の机に落ち着いた。それから、上着を脱いで気を整え、貯まった書信・連絡などを読みだしたときであった(新居格「大地震の思ひ出」『季節の登場者』人文会出版部、一九二七年)。巨大な揺れ、轟音、モノが落ち、崩れる音、驚愕の叫び声、恐ろしい光景が展開された。柱につかまっていないと身体を支えられないほどの揺れであった。

それでも、社の建物は大揺れや轟音で済んだが、少し落ち着いてから窓外を眺めると、木造の建物などが倒壊していた。いつもの光景ではなくなっていた。一瞬のうちに朝日新聞社のある都心も、周辺も惨憺たる状態になっていたのである。

同僚と社の周辺を様子見に歩くが、僅かの時間の経過で、東京は一変していた。ビルや建物のあちこちから火も噴き出した。それからというもの、新居にとっては嵐のような暗黒の日々が続く。

新居は社内と周辺の被害状況を確かめると、家族のことが心配になり、いったん中央線沿線の自宅に向かうことにした。道中、火災や崩壊する建物を踏み越えながら進むうちに、道中多くの知友に遭った。外堀の土手では与謝野寛一家とも出会った。

自宅に着くと、古い家で心配したが、建物は大丈夫で、瓦も落ちていなかった。皆が、裏の空き地に避難していた。家が狭く、周りに比べれば、対応は容易だった。それでも、古い家なので、余震も気になり、家族をかかえ、しばらくは日々の生活のやりくりもままならなかった。

食料品はじめ、普通の生活に必要なものを確保するだけでも容易ではなかった。大人たちも不安を抱え続けるが、子供たちは絶えずおびえた様子を隠さなかった。そんな不安な家族を見ても、自宅にのみとどまることはできなかった。特に朝日新聞社がどうなるのか、この困難な危機を潜り抜けることが出来るのかも気になった。

新居には、朝日新聞の本社と自宅を往復するだけでも、負担が大きかった。その往復の途次も、社会の動きと言えば、社会主義者や労働組合の活動家、朝鮮人の動向等、官憲の対応情報が真偽不明のまま、いろいろ想像された。特に知り合いも多い社会主義者の動向と当局の取り締まりも気になった。あれこれ推測されたが、新居には、社会動向はマイナスにしか読むことは出来なかった。

さらに、驚愕的な被災情況から、如何に大朝日でも、このままでは済まされず、復旧・再建のためには人員整理も予想された。すると、自分の解雇も心配せざるを得ない状況になっていく。やりたいことを自由にやってきただけに、解雇のやり玉に挙げられることは予想がついた。たしかに、早々に社内でも、復興・再建以前に、人員整理が噂されだした。そのうち、実際に解雇通知を受けるものが出てきた。

新居は、いよいよかと、重く心にのしかかってくるものを感じた。社会の動向は暗いものばかりであったが、自分自身のことも何一つ明るいものはなかった。彼はそんな気持ちに浸っていた。

第三章　新居格の独立生活

1　関東大震災後、筆一本の自立の生活へ

(1) 新居格の新時代——朝日新聞社からの解雇、そして自立の生活へ

(i) 解雇・退職前後

一九二三年九月一日に勃発した関東大震災は、政治、経済、生活、社会、文化、芸術、教育等あらゆる領域に、また全ての団体や個人に、甚大な影響を及ぼすことになった。死者、家屋の倒壊や消失も、膨大な数に達した。

新居格も、彼の所属する朝日新聞社も、その影響を免れることはできなかった。朝日新聞社は施設・設備の復旧、組織の改編、人員整理といった大改革が不可避となっていた。新居はその人員整理のやり玉にあげられることになった。

一〇月に入ると、解雇通知を受ける同僚も出てきた。一般職員でもちょっとでもマイナスを抱えた者には声がかかった。新居は、いよいよ次は自分だなと覚悟せざるを得なかった。大震災から一か月半ほど経った一〇月一三日に、朝日新聞社から自宅に手紙が舞い込んだ。手紙の内容は見る前から明らかであった。大震災によって社の受けた打撃の大きさを前置きに、「貴下も出社に及ばず」と言う解雇通知であった（新居格前掲「新聞記者の思ひ出」『文章倶楽部』第九巻一二号、一

九二四年二月)。

新居は、先行き不安を覚えながらも、解雇にはすぐに応じる覚悟ができた。できたというよりも、そうせざるをえなかったのである。以前から、特に社会思想や社会運動に偏りがちな自分の仕事ぶりや社外の社会主義者・社会思想家との交流が新聞記者の一線を超えているなど、上層や同僚からは歓迎されていないことは分かっていたからである。

思えば、新居は新聞記者としては、他にそう例がないほどやりたいことをやってきた。新聞社だからできたことであった。恩師・吉野作造を先導者とする大正デモクラシー運動の高揚、それを土台に発展した社会運動・労働運動のうねりに合わせるように、自らも社会思想家・社会主義者になったたか、あるいはそれに親近感を持つ立場で筆を執っていた。だから社内でも快く思わぬ者が増えていたのである。

このように、新居は、経営陣から見たら最も解雇に相応しい対象であった。新居としても、それを受け入れざるをえなかったのは、大震災にともなう社の危機的状況も理解できたからである。それらを受け止めた新居は、ダラダラ決断を伸ばすことはしなかった。解雇の通告に対しては、歓迎すべきことではなかったが、覚悟もしており、拒むことはしなかった。むしろ、解雇を機に、宮仕えの身分を抜けだし、自由にものを言いだした。勝手に振舞える仕事・立場に変わりたいとずっと願っていた生き方を実現するチャンスと、その方向に向けて気持を切り換えるようにした。そう決断すると、すぐに身の回りの整理に入り、退社に向けて一歩一歩動き出した。

もちろん、新居は、大組織を離れて経済的に自立することが決して甘いものではないことは承知していた。立場が何となく不鮮明な中間的な位置に立つ評論家にはなりえなかった。すでに彼の立場は明解であった。それをごまかしながら適当に処するとしても、限界があったのである。

実際に、新居は自分の立場をどうすることもできなかった。今更左を右と言いわけすることはできなかった。何とかなるという楽観的な気持と不安な気持が交錯するが、大組織の支えが無くなる以上、従来のように給料生活による経済的保障に寄りかかることができなくなるのは、明快な現実であった。

ともかく、定期収入がなくなるということは大変なことで、彼はその不安・不安定の方に目をつむったり、逃げたりすることもできなくなっていた。新聞社の枠・縛りはなくなり、自由の身になったように見えるが、実は何の保障もなくなるのである。がむしゃらに筆を走らせ、原稿料なり印税なりを稼ぐ覚悟が必要になった。如何に売れ出した新居とはいえ、筆一本で家族を支えるのは並大抵のことではなかった。どう計算しても、朝日新聞社時代の給料には追い付かないのであった。妻や家族には申し訳ない気持ちをどうすることもできなかった。

執筆する原稿の全てが原稿料をもらえるわけではなく、もらえても安い稿料も少なくなかった。妻の要求する生活費に達しない月もでてくるし、貧乏生活に陥ることは彼には目に見えていた。

それでも、朝日新聞社からは給料は十一月分までもらえた。解雇なので退職金はもらえたが、家族も多く、すぐに食いつぶすほどの額（一、〇二〇円）であった（新居格前掲『心の日曜日』）。

このように、一九二四年に入ると、まだ荒廃と混乱・混迷の続く都下で、新居は自立の生活を始めた。家族を抱えた身で、収入や生活面で不安な気持を拭いさることはできなかったが、不十分・不安定ながら、しばらくは退職金を使えるのと、原稿料・印税のメドもある程度たち、何とかなるのではないかという見通しも持つことができた。というより、原稿料と印税で自分と家族を養うことになったので、彼は否応なく気持をそのように切り替えざるを得なかったのである。

新居にとっては、大転換であり、まさに新しい時代の始まりであった。いかに楽観的な新居でも不安の方が募る船出であった。実際に、そう甘いものではないことが間もなく彼にはわかっていく。

(ii) 全てが家族と自分のため

新居は、ただ食うための宮仕えである新聞記者生活からは、以前から抜け出したいと思っていた。そのため、その方向に進むことへのプラスを見出そうとした。と言っても、その先にはプラスばかりが待っているのではなかった。

新聞記者なら、毎月給料は保障されるものの、当然ながら、その分、組織の理念や方針に、また新聞記者としての職業理念や倫理にも、拘束されざるを得ない。また休日以外は毎日決まった時間に起き、出社しなくてはならなかった。ただ、それらが嫌だったのだから、新聞記者を何度か辞めようと考えたこともあった。しかし、それは無理なことだった。そこから解放されることは大変なことであったのである。

実際に、新聞社を辞めたことで、厳しい縛り・約束事のある宮仕えを解消できたので、たしかに気持の上では楽になった。勤めのために、思想や言動や交流の幅に拘束・制約されることがなくなっただけでも、新居にはプラスであった。それだけでも、これで良かったという気持に切り替えざるを得なかった。

しかし、経済的保障はなくなったのである。それだけに、このような大震災という巨大な災難を機とする解雇という強制がなかったら、新居といえども、大組織を辞める決断はそう簡単にはできなかったはずである。

その点で、大組織を離れることは、一面で新居には精神的にはほっとするものの、他面で家族を養うために経済的収入を確保するという新たな責任に応える負担・不安が大きくのし掛かってくるのであった。

以後は、たしかに新居は組織の約束事やルール、組織の一員としての拘束や責任、また中立性などの職業上の倫理や制約などからは解放された。しかし、生活面では経済的にはたえず不安定さが付きまとう。原稿執筆の仕事が常に安定、継続してあるわけではないので、お金が不足したり、やりくりが利かなくなることがあった。

そんなときには待ったなしなので、自分の小遣いをすべて家計に回すだけではすまず、誰かに借金を申し込むこともせざるを得なかった。そんな予想もしなかったことが、すぐにやってきた。

そこで、せめて経済的保障の欠落と不安定化の代償として、自由の保障というプラスを見いだし、その気持ちを前向きに活かす以外になかったである。

もともと、新居が社を辞めざるを得なかった根底にある一因は、中立・公正を謳う新聞社という組織の中にありながら、組織を超えて相当自由に振舞ったことにあった。特に社会運動・社会思想の組織や関係者と交流をもったことは、社の上層からは否定的な評価を受けることになった。それでも、新居は大学教授などと比較しても、もっと自由に振舞えないことを残念に思い続けていた。もし大学教授になっていたならば、もっと自由に振舞っていた筈だと思わざるをえなかった。

それだけに、組織を離れ、自由な生活に入ると、どうしても接近しつつあった社会運動・社会思想との結びつきがさらに強くならざるを得なかった。一九二〇年代早々ほどの積極性・活性はなかったにしろ、また軍部・官憲による大杉栄らの虐殺があった後にしろ、大震災後も社会思想・社会運動団体は次から次へ生成していた。なおしばらく社会思想や運動は高まっていた。

実は、そのように社会運動や社会思想とつながりを強めることは、社会状況から収入や経済面では厳しくなることでもあった。その辺のことは新居もよく承知していた。しかし、分かっていても、社会運動や社会思想とのつながりを絶つことはできなかった。むしろそれらの実践的団体・運動家とのつながりは強くなっていく。

その分、できるだけ収入・暮らしが不安定にならないよう、社会運動や社会思想に関係のない原稿の執筆も、意識して引き受けるように心掛けたし、実際にもそうした。市井の市民の暮らしのこと、趣味のこと、文化・文学領域のこと、さらに翻訳の仕事などの拡大がそれであった。幸い、その辺の執筆のバランスを適当にとるのは、新居にとって比較的自然にできる処し方であった。しかも、その方向が次第に厳しくなる弾圧、右傾化、軍国化に対峙・対抗しやすいことにもなっていく。

さらに、創作を手掛けることも、多様な挑戦の一つに入っていく。短歌に加えて、小説にも挑戦してみる。小説には、早くから関心を持っていたが、実際に取り組むのは、新聞記者を辞めてからである。もっとも、発表されたのは一部の中編を除けば、短編がほとんどで、その短編にもダメ出しをして、すぐに見切りをつける。しかし、それでもしばらくは小説の執筆も続ける。

そのように、新居は新聞記者を辞めてからは、組織の規制や枠や慣行にとらわれることなく、いろいろのことに自由に挑戦できるようにはなった。それだけが唯一の明るいニュースであった。

その間、新聞記者として、また友人としていくつかの葬儀に出席した。大杉栄、伊藤野枝、橘宗一、それに平沢計七等の葬儀であった。それに、退職が決まってからであるが、思いがけない事件に巻き込まれる。といっても、各々の事件に新居が直接かかわったわけではなかったので、事情聴取程度で済んだが、新居にとっては決して愉快なことではなかった。

その一つは、震災後の一二月二七日に勃発する難波大助の虎ノ門事件であった。東京・虎の門で、難波大助は国会に向かう車に乗車中の皇太子を襲撃する。

その難波大助は、自分の計画が確実に社会に伝わるようにと、未知ではあったが、信頼できると思った新居に、計画実行に合わせて、事前に自分の理念・思想や実行する計画を書簡で連絡する。すでに新居は退職した直後であったので、その書簡は朝日新聞社を通じて警察に提出された。新居はそれまで難波とは特に深い関係にはなかった。それはその通りで、当局も新居のそのような主張をそのまま受け入れることになった。

もう一つは、関東大震災後の朴烈・金子文子の事件との関わりであった。大震災直後の九月三日、混乱の中で、二人は保護検束されるが、その後の取り調べの過程で、大逆罪に誘導されてしまう。

結局、一九二六年三月に判決の日を迎えるが、死刑の判決を受ける。予め決まっていたかのように、すぐに恩赦で無期懲役に減刑される。実は、大震災前に、朴烈は朝日新聞社に新居を訪ねて会っている。朴烈はそれまでは新居とは全く面識も、つながりもなかったが、新居の著作や記事を読むうち、新居なら自分の思想や運動上の悩みに、相談に乗ってくれるのではないかと訪ねたものであった。

警察としては、そんな危険人物にあたる活動家と新居が会ったことに疑問をもち、事情聴取を行うことになった。その結果は、予想通り朴烈が極めて危険な存在であるということであったが、それが直ちに新居と朴烈の事件を直接結びつけることにはならなかった。

このようなことで、当時最左翼系を受容するのは、アナかボルかに分類されたが、特にアナ系に分類されることが多かった。一九二三年から二四年にかけての時期には、新居は明確にアナキズム系に立っていたわけではないが、アナキズム系に近いと思われていた。それだけに難波大助も朴烈・金子文子も、新居を仲間と考えたのであった。

その程度のことではあったが、警察としては新居の社会的影響力に警戒を持たざるをえなくなった。新居がことさら強い影響力を持たなかったと考えたとしても、思わぬ言辞が第三者には強いヒントとなる場合があった。このようなことから、新居は独立した早々から、危険人物視されることになったのである。

(2) 関東大震災後の新居の処し方

(i) 日本フェビアン協会で木村毅や大宅壮一と親しくなる

以上のように、楽観的とも思える生き方をする面のある新居ではあるが、その何とかなるという気持を支えに、関東大震災直後、朝日新聞社を解雇されて退職し、自立の道を歩みだす。何の支えもなしにただ自分の腕一本が頼りの生活である。

その結果、否応なく自立の道を歩みだす。内心は不安な気持も小さくなかったが、表向きは胸を張るような姿勢で歩みだす。月々の給料といった安定した経済的保障がなくなり、自分一個の健康と才能、そして努力と成果に頼るしかない独立した思想家、評論家、翻訳家、学者の道を手探りするように歩みだすのである。

新居が楽観的であったかどうかには議論もあるであろうが、彼の場合、物事を出来るだけ深刻に受け止めないようにする生き方をとってきた。少なくともそのような側面や意識がなくてはやっていけなかった。何とかなる、という気持は、収入や暮らしだけでなく、依頼原稿なども自分の専門と合わないテーマでも、必ず引き受ける覚悟ができており、実際に、何とかモノにする才覚も持ちあわせていた。

それがさらに、大きくなって、「全ての道はローマに通じる」の心境にたどりつく。その心境で、何事もあわてることも、深刻に考えこむこともない、いずれ必ず同じ目的地にたどり着けるのだから、と自分にも言い聞かせるようにした。

新居は、ちょっとくらい遅れたり、つまずいたりしても、心配することはない、いずれ同じ目的地には到達できるのだから、と言った達観した生き方をする。もちろん、新居とても「すべての道はローマに通じる」のだから、と何もかも一〇〇%達観できたわけではなく、途中で駄目になることはわかっていた。しかし、いかにも新居の生き方に相応しく見えるのである。

そのように、組織の庇護を離れ、たった一人で立つ生き方は、新居の恩師の吉野作造ほどの人でも、容易にできることではなかった。吉野は自由に筆を振るい、思うまま弁舌にも訴え、大活躍するが、生活上は東京帝国大学、あるいは朝日新聞社といった大組織につねに守られていた。

ところが、新居にとっては、吉野や売れっ子の作家たちとは違うので、文筆や弁舌で自立し、家族を養っていくのは並大抵のことではなかった。

　にもかかわらず、以後二五年ほどの後半生を、新居は一年ほどの杉並区長時代を除くと、宮仕えなどはせず、筆一本で生き続ける。贅沢や安定とは遠いが、誰からも命令も、指図もされない毎日を送れることは、何事にも代えがたかった。精神的には胸を張って自由に歩んでいけるのである。しかし、経済的にはそう甘いものではなかった。それは新居が一番よく知っていた。

　それをできるだけ緩和するためには、新居は原稿や講演の依頼は原則すべて受けるほどに、ある意味でガムシャラに仕事をした。それらが量的に揃うと、一書にまとめ、著書として刊行することも心掛けた。自立に伴う不安定・不安を克服するためには、そうせざるをえなかったのである。

　あわせて、新居は自由の身になったことで、社会思想・社会運動や文芸系の運動や団体にも、気持が向けば関係しだす。新聞社の一員であった時代とは違い、気兼ねや遠慮はいらなくなったのである。ただ自由の身になったからといって、やたらに運動団体や思想グループに関わるわけではなかった。団体やグループに関われば、それはそれで縛られたり、自由、勝手に振舞えない面も出てくるからである。

　それでも、新居は自立した直後の一九二四年にはまず穏健な日本フェビアン協会に参加した。新居にとっては、穏やかな団体であった。入会するにも特に難しいことはなかった。安部磯雄、石川三四郎、山崎今朝弥、菊池寛、布施辰治、藤森成吉、山本宣治、小川未明、秋田雨雀、木村毅、沖野岩三郎、守田有秋、小林輝次、椎名其二、白柳秀湖、中西伊之助、松下芳男、村島帰之、水谷長三郎、稲村隆一、阪本勝、小牧近江、早坂二郎、鈴木茂三郎らも活動に参加していた。共産党関係者を除き、当時の社会主義を是とするものの殆どが加わっていた。

その活動の足跡および氏名は一九二四年五月に協会が結成されてからすぐに刊行された機関誌『社会主義研究』に明らかである（同誌を見ると、日本フェビアン協会の発行・編集・印刷人は山崎今朝弥であった）。

日本フェビアン協会そのものは穏健な思想・運動を基本にしていた。しかし、参加者は左右雑多であった。間もなく発足する労農党系の思想家、運動家も参加していた。この時期にこの種の団体が成立することは面白いことである。アナ・ボル対立は大杉栄の虐殺により、短期間に決着がつきつつあった。石川三四郎、小川未明、それに新居は、アナ系でも労働組合の組織問題にそれ程関わりを持たなかった。ボル系のものも気にするほどではなかった。それよりも問題は、ボルの中の左右の対立であった。それでも協会の創立の時期は、なんとか左右は同居できたのであった。

機関誌もそのような緩やかな組織を認め、初期にもまた終盤にも協会はこうあるべきとうるさいことを記す者はいなかった。実際に、うるさいことを言うものはほとんどいなかった。誰もが気軽に筆を取ることが出来た。

協会は上記の通り来る者は拒まずで、機関誌等には誰でも登場させた。面白いことに、それでも初期の頃は正式の会員制度をとり、次の二八名を協会員としていた。「安部磯雄、秋田雨雀、青野季吉、石川三四郎、直井武夫、菊池寛、小泉鐵、小林輝次、中村吉蔵、本間久雄、ミス・デントン、山崎今朝弥、馬島僩、山崎一雄、小川未明、島中雄三、藤森成吉、藤井真澄、宮嶋新三郎、新居格、吉江喬松、川原次吉郎、松下芳男、稲垣守克、木村毅、片山哲、澤田謙、茂森唯士」（『社会主義研究』第一巻第二号、一九二四年六月）である。新居格も当然その中に入っていた。

新居は研究会や講演会には時々参加したし、機関誌の他〈日本フェビアン協会創作集〉など協会の刊行物にも執筆する。新居が機関誌に執筆したものは次のものが主なものであった。「ルイ・ブランのこと」（第一巻第三号）、「ショウの無産階級独裁論」（第一巻第四号）、「無産階級倫理の新基調」（第二巻第五号）などである。

実は、新居が生き方や考え方、さらにはや体形まで似た面のある大宅壮一とよく知り合い、付き合うようになるのは、主にこのフェビアン協会を通してであった。『社会主義研究』をみる限り、若い大宅の名を見いだすことはできないが、彼も東京帝国大学を卒業前にこのフェビアン協会に加わっていた。

大宅は早くから、石川三四郎に近づき、親しみを覚えていた。その石川や安部を通じて、フェビアン協会の主事格となり、事務局的仕事を引き受けていた。『社会主義研究』の編集、講演会の企画・実施、研究会の開催などを取りまとめた。

その関係で、大宅は新居とも交流することになった。日本フェビアン協会の集まり、地方講演会などには、大宅の手配で共に出かけることもあった（大宅壮一「序　貴重な体験」新居格『区長日記』学芸通信社、一九五五年）。

特に、日本フェビアン協会には，木村毅も参加していたが、木村も評論、創作など文筆・編集などに従事する自由人であり、大宅とも、また新居とも気が合った。同協会が解散した後も、三人は長く交流する関係になる。特に木村は新居とも親しく、新居の面倒も見ていた。そんなことでも、大宅からみて、新居は身近に思える存在であった。一時期、家族ぐるみの付き合いをすることもあった。

もともと、学部こそ違うが、新居は東京帝国大学の先輩であり、吉野作造の新人会のメンバー同士でもあった。新居が新聞記者の後、評論家・思想家となって一匹狼のように活動しているのをみても、大宅は自分の自由な生き方や関心に近い人と思った。新居の論文・評論を読み、また活動をみていると、新居が何となく、自分と重なる面のある人物のような気がした。東京帝国大学に学んだとは思えない形式にとらわれない自由な生き方、目立ちたがらないこと、上に立とうとしないこと、あわせて威張ったり、命令したりする立場に立ちたがらないことなども、似ていると思った。

一般からも、たまたま同窓で、新居の方が一回り年齢が上なので、大宅は新居の弟分とみられることがあった。しかし、新居はそんな意識はなかった。新居から見れば対等であった。二人は、文筆家であるうえ、著書・資料類に関心があるのも似ていた。それぞれの没後、新居文庫と大宅文庫が設置されるのも同じであった。

大宅文庫は、戦後公益財団法人大宅壮一文庫としてその雑誌図書館の内容を公開し、広く利用されることは良く知られている。大宅およびその文庫は、他の文庫などの手でその意義を高く評価されて紹介されるほどである。

日本フェビアン協会は、一年ちょっとの短命で解散となる。一九二五年にもなると、アナ・ボル対立に変わって、ボルの中での左右対立が消し難いものとなっていた。最初の頃は、特に問題はなかったが、もはや同一の組織に留まることはできなかった。特に協会の外で対立が明白であった。

すると、協会だけが例外というわけにはいかなかった。新居にとっては残念なことであった。自由の身になってから初めて参加したのがこのフェビアン協会であってみれば、なおのこと惜しいことであった。

にもかかわらず、新居にとっては、この日本フェビアン協会の時代は、木村毅に加え、大宅とも知り合う縁を取り持ってくれたことになる。必ずしも特定の思想傾向を代表する二人ではなかったが、社会主義系では独特の位置を占める人物であった。その間、日本フェビアン協会に新居は親しみを持って触れ得たが、その終了は時代を考えれば仕方のないことであった。

(ii) アナキズム化と多様な動きへ

新居格は、日本フェビアン協会の解散後、それを超えてプロレタリア文学・芸術関係、特にアナキズム系の団体や運動にも、協力しだす。また生活と結びつく消費組合・生活協同組合運動にも参加するようなっていく。

一九二〇年代の後半から二〇年代末にかけて、『文芸批評』(一九二五年十一月、創刊号)等、新居が発行人になった雑誌をはじめ、いろいろと関わりが広がりだした。また、独特の個性を持つ著書も増えだす。『近代心の解剖』(至上社、一九二五年)、『月夜の喫煙』(解放社、一九二六年)に続いて、『季節の登場者』(人文会、一九二七年)、『近代明色』(中央公論社、一九二九年)、『風に流れる』(新時代社、一九三〇年)などが登場する。

その際、大部分を占める文筆でも、また社会運動でも、自分らしさを失わないこと、時流に呑み込まれないこと、それでいて個性を出すこと、が新居のやり方であった。その点では一貫していた。

例えば、新居は流行を追うようなことをしなかった。流行語を創ったり自ら流行の先駆けをなすことはよくあったが、流行に乗って自らを売り出したり、儲けたりするなどという発想とは縁がなかった。それは、安易には社会や時代に迎合したりしないという立場でもあった。実際に、軍国化・聖戦遂行・天皇の神聖化など上から巨大な圧力のかかる潮流にあっても、彼は安易には乗らないで、適当にあしらうことができた。

もともと、新居は、自慢するように大袈裟に振舞うこと、派手に、あるいは目だつように動くことが好きではなかった。彼自身、「私は晴れがましいことがきらひだ。わたしはただ私の分を守る」（新居格「自画像を描く」『街の抛物線』尖端社、一九三一年）といっているし、さらに後になるが、「線を明確に引くと同じように、感情を交えずに考えることを表現する。それがわたしの態度だ。わたしは、人々が思い切って物を言うといったやり方をとらない。」（新居格前掲『杉並区長日記』）と言ったこともある。

肩書や地位などもどうでもよかった。別にあらゆる役職・肩書を頑なに拒否するというのではなく、肩書があろうとなかろうとどうでもよかったのである。だから、公益法人や協同組合などの役職は、他に引き受け手がいなければ、受けることもあった。ただし、それを誇示したり、利用したりすることは全くなかった。力を抜いた無理のない姿勢・生き方が好きだったのである。

それは、戦時下に入っても、変わらなかった。徹底的に抑圧され、人間性が無視される戦争全面化の時代状況にも、安易に迎合したり、自分を見失ったりすることをしない生き方である。

その新居の生き方、姿勢や気性は、例えば著書のタイトルや内容にもよくうかがえる。彼は、一貫して派手でけばけばしいもの、流行を追って売らんかなといった姿勢が見え見えのものは嫌った。市井の庶民の生活、その庶民の暮らしに根付く自由で普通の発想や言動を好んだ。それに合わせるように、一見したところ、平凡ともとれるネーミングや内容を好んだ。

それが戦時下のように自由を奪われ、統制や逆コースの抑圧の時代には、むしろ伸び伸びとした自然さ、その下での市井の暮らし、そして限られた自由の中での人間らしい生き方を訴えることにもなった。

その点は、大震災直後の一九二〇年代中葉でも、一九三〇年代に入っても、さらに社会主義者もアナキストも積極的な活動が難しくなる昭和一〇年代に入る一九三〇年代中葉以降にも、変わらなかった。

一九三〇年代以降の著書でさえ、特に昭和二桁台になる一九三〇年代の中葉以降を含め、『ジプシーの明暗』（万里閣書房、一九三〇年）、『アナキズム芸術論』（天人社、一九三〇年）、『風に流れる』（一九三〇年）、『街の抛物線』（尖端社、一九三一年）、『生活の錆』（岡倉書房、一九三三年）、『生活の窓ひらく』（第一書房、一九三六年）、『街の哲学』（青年書房、一九三一年）、『野雀は語る』（青年書房、一九四一年）などといった市井のありふれた出来事、自然や季節のうつろい、散策や旅行のことなど、平凡さや普通さの方をうかがわせるタイトルと内容にほぼ集中する。

加えて、その頃から、思想的抑圧がさらに強まるのを回避するため、それら市井モノ、庶民モノに加えて、パール・バック『大地』（第一書房、一九三五年）、ジョン・スタインベック『怒りの葡萄・上巻』（四元社、一九三九年）、マジョーリー・ローリングス『イヤリング（子鹿物語）』（四元社、一九三九年）など小説の翻訳、また翻訳ではないが『クレオパトラ』（新潮社、一九三六年）のような思想や時流に特に関係のない、その意味で官憲の目からも特に問題のない外国の小説類の刊行も多くなる。

それらは著名な賞を受けるなど欧米で人気を博したものが中心であり、複数の訳者による出版となることも珍しくなかった。その際、翻訳や外国モノは、『大地』『イヤリング』『怒りの葡萄』にしろ、『クレオパトラ』にしろ、いずれも大冊であり、よく短期間で翻訳し、刊行できたものと、その根気と力量には驚かされる。

これらの新居の出版物で、重要なことは、翻訳や外国モノはもちろん、彼自身の著作にも、時代や軍部への完全な迎合、自由な発想・思想の放棄、聖戦遂行への全面的協力・埋没といった空気・姿勢は、ほとんど感じられないことである。むしろ軍国化や聖戦遂行という厳しい難儀・労苦を負わされた市民が生活する市井のこと、そこでのまともに食料や安全・安心さえ確保できない市民の暮らしや日常を基礎にすえ、そこに少しでも希望や安らぎを見出せるような生き方を訴えていることがうかがえる。

戦時色が強まる逆風の中にも、新居はそのような姿勢を変えなかった。自由な主張や執筆態度は決して楽なことではなかったが、ただ目立つこと、派手なこと、自分を売ろうとすることをしなかった姿勢・方針が、戦時下にも軍部や官憲に完全に身を売ることをさせなかったことにつながっていた。

たしかに筆は細くなるが、元々戦前には戦後のような自由がなく、新居の活動の範囲は限られていた。文芸や思想ものを中心に筆を執るのであったが、それを一層狭めることになっていく。

実際に、そのような姿勢や生き方が新居に逆コースの潮流に大きく乗ることも控えさせる。この点は極めて重要なことで忘れることが出来ない。昭和一〇年代の進行と共に戦時色がどんどん強まる中にも、何とか聖戦賛美や軍部の絶対化といった逆コースの風潮にのみこまれず、せめて自分らしい普通さ、そして市民の側に立つ姿勢を崩さないようにした。そのことが、新居を新居たらしめ、むしろ軍国化の強まる時代にも耐え、思いがけず時代を超えるほどの光彩を放たせることにもなった。

その点は、著作や出版に関わる最初から一貫して変わらずうかがえる新居の姿勢であった。

(3) 文筆家としての新居の姿勢

自立した生活に入ると、新居はそれまで以上に自分の主張や成果を次々に発表する。積極的に執筆を心掛け、発表の場を選ばないほど、多様な雑誌に関わった。そうしなくては収入が追い付かず、生活が出来ないからでもあった。文筆で生計をたてるということは、それほど大変なことであった。

もっとも、社会運動や社会思想関係の原稿では、稿料なしのタダ原稿が多かった。その分、生活のためには、領域やテーマ、有名無名、大小の区別なく原稿を引き受けた。時間があれば、机に向かい、ペンを執ったのであった。

自立してから一九三〇年代の初めにかけてを一瞥すると、『新潮』『文学時代』『春秋』『改造』『文章倶楽部』『明星』『セルパン』『テアトル』『演劇芸術』『経済往来』『祖国』『民衆公論』『反響』『新興』『大衆芸術』『文学風景』『文芸市場』『王冠』『女性』『女性改造』『婦人の国』『解放』『現代教育』『スバル』『早稲田文学』『現代』『家庭』『歴史公論』『エスペラント文芸』『文芸通信』『BOOK MAN』『である』『漫談』『文芸汎論』『経済往来』『衣服研究』『エコー』『国産奨励』『都新聞』などがある。広範で、様々な雑誌・新聞に筆をとっていることがうかがえる。

中には、生方敏郎の『ゆうもあ』、三宅雪嶺の『我観』、高楠順次郎の『現代仏教』など編者や代表が個性的な人物の個人誌・機関誌・雑誌にも寄稿している。なお『現代仏教』は高楠が主筆の宗教系機関誌であったが、高楠との関係で新居にも近い加藤一夫もよく寄稿したし、辻潤なども筆を執っている。加藤も、辻も、同様に筆でのみ生計を立てている身であった。

この執筆姿勢を見ると、新居が文筆で暮らしをたてようとする覚悟のようなものがうかがえよう。妻からは家族・家計を支えるためにある程度の毎月の収入を期待され、申し渡されていた。人が好く、融通の利く新居は、タダ原稿の執筆も少なくなかったが、原稿料をもらえる執筆は基本的には全て引き受けた。それらをうまくこなすのは新居の得意とするところでもあった。

それら雑誌類の中で目立つのは、『文章倶楽部』『明星』、それに『セルパン』との関わりである。その『文章倶楽部』『明星』には宮仕えを辞め、独立してからしばらくほぼ継続的に執筆する。自立するに際し、収入確保の支えにするつもりもあった。もっとも『明星』には朝日新聞社時代からすでに寄稿しており、新居自身、詩も短歌もたしなむので、必ずしも収入を期待しての寄稿ではなかった。『明星』関係者とは人間的交流も深く、自立後も同誌とは原稿料に関係なく、親しみを持って付き合っていく。

その『明星』とのつながりから、新居は与謝野晶子が関係していた西村伊作の文化学院で非常勤講師として教えることになる。生活上も、そのつながりは大切にした。その延長で、鉄幹の逝去に際しては葬儀（一九三五年）で弔辞を読むほどになる。

『セルパン』の創刊は一九三一年六月である。『セルパン』は第一書房の長谷川巳之吉が時代状況を考え、「詩・小説・美術・音楽・批評・紹介」を掲げて相当の覚悟で刊行したものである。第一書房は大手であり、土田杏村などは同書房の全面的支援を受けるほどであった。

その『セルパン』には、新居は創刊の頃はほとんど書いていないが、昭和一〇年頃から急に多く書き始める。ただし新居が書き始めてからまもなく日本無政府共産党事件が勃発する。彼が強く引き込まれた『自由を我等に』に関わった青年も関係していた。新居はこの事件には全く関係していなかったが、彼も苦しい立場に立った。それでもなお彼は『セルパン』の執筆をやめなかった。

もっとも新居にとって『セルパン』掲載は、軽いものが中心で、思想上の点でそう心配するほどのものではなかった。わずかに新聞批判や校閲問題などを取り上げる程度で、あとは映画のことなどが主たるテーマであった。

それでも『セルパン』には、新居はよく筆を執ったので、次の時代にかけて忘れられない書房である。新居にとっては印税の出る原稿は次第に減っていただけに有り難い書房と言えたのである。

ちなみに、一九三六年発行の菊岡久利『詩集　貧時交』（第一書房、一九三六年）に、新居は比較的長い「跋」を寄せている。その前年、無政府共産党事件のとばっちりで菊岡は検挙されるが、文無しであった。見かねて第一書房の長谷川巳之吉は菊岡の詩集を出版して印税を渡すことを考えた。それを応援した一人が新居であった。新居の生活も楽ではなかったが、もっと生活の苦しい青年アナキストや思想家の卵がはかない夢を抱きつつ、たむろしていたのが当時の新居の生活周辺の一面であった。

さらに、大正末からは『新潮』にも継続的に寄稿する。その後の『新潮評論』『書物新潮』にも筆を執る。同じく新潮社から創刊される『文学時代』にも、創刊号（一九二九年五月）から筆を執っている。その後の時代にも言えるが、新居は創刊号によく声をかけられている。それだけ、社会、思想、文化、文芸などの世界では売れっ子に近かったと言ってよいであろう。

この頃になると、発表した論稿が量的に揃うと、次から次へ単著として出版することもする。前からも同じであったが、一層明白になった。当時は筆の立つ著者たちが決して数多くなかったという出版社側の認識と、新居の収入を稼がなくてはならない事情がうまくかみあっていたのであった。

新居が文芸物の翻訳・出版に精を出すのは、主に一九三〇年代の中葉以降である。社会思想関係の翻訳は、一九二〇年代の後半から若者を中心にした思想運動関係者からの要請・期待もあって、いくつか取り組んでいる。まとまった長編では、一九二八年にP・クロポトキンの『ロシア文学・その理想と現実』を春陽堂から翻訳・出版している（同じ年に、同社発行の『クロポトキン全集』第九巻にも収録される）。

同書にしても、ロシアの広範な文学や文化、また歴史や政策にも知識がないと取り組めないのに、新居は比較的短期間に翻訳を終え、まとめ上げている。そういう独特の才能はもっていた。

そう言った流れの中で、留意されてよいのは、短編創作を集めた『月夜の喫煙』の刊行であり、また明治の大逆事件の犠牲者・幸徳秋水の最初の著作集と全集の刊行への新居の協力であった。

ちなみに、そのように家族の生活の維持に追われる仕事ぶりが常態になるものの、新居は自己流に生活を楽しむことも忘れなかった。有名人とも、また反アナキズム系の人たちとも、機会があれば、遠慮なく会った。中には、深い仲に陥る男女関係もあった。カフェ、酒場、レストラン、芝居・映画見物、若者との交流もよく楽しんだし、飲み食いの付き合いも嫌いではなかったので、オカネの続く限り付きあった。

もっとも、家族からは、そういう付き合いは歓迎されていなかった。自分だけ楽しい状況に打ち込む姿が浮かんでくるという苦情が妻子から寄せられた。にもかかわらず、新居は付き合いがいいので、深夜の帰りもしばしばであった。新居家の門限である深夜一二時までに戻れずに、家から締め出される形になったエピソードも紹介されている（岡部三郎「文壇噂聞書」『人の噂』第三巻二号、一九三二年二月）。

（4）創作集『月夜の喫煙』の刊行と幸徳秋水全集への貢献

ちょっと前になるが、遡って『月夜の喫煙』の刊行に触れてみよう。同書は解放社からの刊行で、一九二六年三月のことであった。弁護士の山崎今朝弥が主宰する解放社が企画した解放群書（叢書）の第一号に採択された。解放社にとっても記念すべき刊行物であった。表紙には「月夜の喫煙」の書名の上に「創作集」の文字も入り、中扉には『解放群書（Ⅰ）』も入っている。同書は簡易な表紙で、二三五頁の気軽に手にできる造りである。タイトルが新居らしく気張らず、さりげないものである。ただ新居には珍しい創作集であること、そこに新居が初期には創作あるいは作家にも挑戦しようとしていたことがうかがえるので、十分に注意を向けてよい。

このように、新居の創作集が解放群書再編の第一号に選ばれたことは、特別に留意されてよい。山崎は、新居とは新居の朝日新聞社時代から面識を持っていた。『左傾思潮』も手にしていたはずである。その上で、群書第一号に新居の創作を取り上げたのは、一九二〇年代の終わりに近づいた新居を山崎が評価、あるいは信頼していたことの表われでもあったのである。

同書は一九二六年三月の刊行なので、新居が朝日を離れ、自立してから、二年ちょっと経過した時である。ということは、自立してから二年ほどの間に書き溜めたものであった。巻頭の「月夜の喫煙」以下、一二篇が収められている。末尾の「ニゲラ」は八〇頁を超える中編であるが、他の一一篇は短編である。

本人は「私は作家ではない」（同書の「作者の言葉」）と、いつものように謙遜しつつも、創作にも意欲をもち、力を入れていたことは間違いない。新聞記者時代に、自分の書きたいことも自由に書けないことを嘆いていたが、その枠や制限を超えることができた成果の一つが『月夜の喫煙』であった。

また「『鳥』一篇が解放戦線に立つ読者の好みになるかも知れない以外は、恐らく侮蔑を買ふかも知れない」（同上）と、左翼系・思想系からの評価を気にすることも言っている。それでも思想や社会主義に多少は関わる文章、用語・人名が登場するものもある。「明暗」「プロムナアド」なども違う町を対象にしているが、大体同じとみてよい。

そのように、確かに『月夜の喫煙』は最初の創作集だけに、評価は気にしてはいたが、何よりも解放社の群書シリーズに入れてもらえたのがうれしかった。全体的にも、当時の文壇や作家の流行を追うような姿勢ではない。いかにも新居好みの組み立て、設定、色彩豊かな文章や用語が連ねられる。カフェ・珈琲店、ウイスキー・酒場、レストラン、ホテル、接吻、シネマ、フランス語の呼称、ニヒリスト、それにソクラテス、アポリネール、スチルネル、バクーニンなど思想家、哲学者、作家の名前も登場する。また男女関係では、当時では大胆な、あるいは露骨な表現・描写もあえて使ったりもする。

この新居の最初の創作集は、しばしば取り上げられ、話題にもされはする。しかし、内容まで創作としてよく読まれ、知られ、特に高い評価を受けたわけではなかった。ただ解放社の群書シリーズの第一号であったこと、新居の最初にして、唯一の創作のみを集めた単行本であること、また『月夜の喫煙』という標題も平凡のように見えて、意外に魅力的・個性的であることなどから、出版当初は今後に期待をもたれるほどに話題にはなり、売れ行きも悪くはなかった。

その延長で、同書は七年後の一九三五年七月に至り、後閑林平の提案で和田操の不二屋書房から新刊で再刊される。奥付には、発行者に和田、印刷者に後閑の名が記されている。今度は函入りで表紙もしっかりした厚紙を使用したものであった。

再刊にあたって、新居は「今となつてはいささか恥ずかしくもあるが」と謙遜しつつ、同時に「わたしの作品は私らしい手法で書いた。今となつてはわたしにとつても不満なところも多い。しかし、それにも拘らず、そのままにして再び世に出すことを私は少しも躊躇しなかつた。それほどわたしにとつてはなつかしいものなのである」（新居格前掲「再刊の言葉」『月夜の喫煙』不二屋書房、一九三五年）とも言っている。

ただし、組み方・頁は解放社版と同じで、今日でいえば、復刻版であるが、解放社版の組版を利用させてもらったのではないかと推察できる。

ところが、その後、新居は創作には力を入れない。とはいえ、書きたいときは書いている。『月夜の喫煙』のレベルを超えられないと思ったのか、やがて創作からは離れていく。それでも、『月夜の喫煙』後しばらくは創作を書き続ける。それらは、『風に流れる』（新時代社、一九三〇年）

や『街の抛物線』（尖端社、一九三一年）に収録されている。

『風に流れる』は、新居が「自序」に同書が短編創作と感想・評論を併せたものと断っているように、創作と評論・エッセーが同居したものである。創作と評論・エッセーの同居に対しては批判が予想された。それに対して新居は同居だって構わないじゃないかと応えており、いかにも新居らしい。

『街の抛物線』の方は表紙や奥付にはないが、中扉にはわざわざ「新創作集」の文字を書名「街の抛物線」の上に入れている。その上で「序文」には「定型化を本能的に忌み嫌ふわたしにとつては創作が創作らしくなく、小品が小品らしくないことも確かだ。」と述べている。

にもかかわらず、「新創作集」と断ったのであるが、同書の内容をみれば、創作のみか、エッセーや評論も交じり合ったものである。評論・エッセー類も新居の言う「新創作」と言うのなら、それはそれで受けとめたいが、やはり創作と評論・エッセーの同居には限界が出て来よう。

むしろ、注目されてよいのは、新居が山崎との付き合いで、『月夜の喫煙』の刊行前に相談していたことがある。それは、長い間コツコツと意識して収集していた幸徳秋水の主張・論説・評論・随想など発表済みの原稿をまとめる著作集の出版を山崎に提案していたことである。

山崎は、新居が頼っただけの人物で、その提案を快諾し、計画あるいは取組み中の四六版『解放』および解放群書で秋水特集を組む決断をし、すぐに実行する。さらにはそれらの特集が六冊にまとまると、全六巻からなる最初の幸徳全集（『幸徳傳次郎全集』全六巻）の刊行も実現する（小松隆二『日本労働組合論事始』論創社、二〇一八年)。困難極まりない幸徳の著作集と全集の仕事は、一九二六年から三〇年までの五年に渡る山崎と新居らの長い辛抱と協力関係で実現されることになったものである。

そのような時代に、幸徳の著作集や全集の発行を引き受けるものは、山崎以外には考えられなかった。実際に、新居から相談を受けると、山崎は殊更逃げ腰になることもなく、すぐに引き受け、むしろ楽しむように挑戦する。それでも、編集、校正などの作業中にも当局の検閲と闘わなくてはならなかった。蔭でそれを支え、貢献したのが実は新居であった。新居なしには、太平洋戦争前の暗黒の時代に幸徳全集の標題を持った企画が実現することはなかったといってよい。

この戦前の解放社版の『幸徳秋水全集』は、長い間、専門家・研究者の間にも知られていなかった。それほど残存部数の極端に少ない超稀覯書となっている。全国でも、現存している部数は極めて限られている。そこにも、弾圧や抑圧の強い時代には、幸徳秋水が大逆事件に絡んだ人物として当局からは殊更きびしく忌避されていたことがうかがえよう。

新居がその幸徳の復活や復権にこだわったことにも、また穏やかな外見ながら、譲らず守るべきこと、訴えるべきことにも、しぶとさがよくうかがえる。この新居のしぶとさも業績の一つとして忘れてはならない成果である。

そのようなつながりから、安定した生活の保障がないので、収入が途絶えたり、貯えもなくなったりした時に、頼れる組織や人が必要である。新居にとっては、その一人が山崎になっていく。

実際に、新居は何度も山崎に借金を申し込み、それに応えてもらうことになる。山崎からの借金が多くなり、返せなくなって、山崎にまともに会えないこともあった。会えば山崎には予定より少ない印税の収入状況を話さないわけにはいかなかった。

また印税をめぐる裁判でも世話になり（パール・バックの『大地』の翻訳と印税をめぐるもの）、自らの主張を認めてもらっているので、新居にとっては、たしかに山崎は有難く、頼りになる存在ではあった。しかし、一旦借りると、次には返すことが義務となり、そううまく行く話ばかりではなかったのである。

2　社会思想・社会運動の展開と新居格

（1）アナキズム系の代表的人物に――『自由を我等に』に協力

関東大震災後の一九二〇年代の半ば頃から、新居格は衰退するアナキズム系機関紙・誌にはよく協力し、執筆する。もっとも、運動家としてではなく、文筆家・評論家としての関わりであった。

それでも、自らはそんな意識はなかったが、大杉栄ら亡き後のアナキズム陣営の先頭に立つ一人とみなされるほどになる。大杉のように社会主義系・共産党系を恐れず、一人で矢面に立つ闘争心も、また機関紙・誌をもって全国を引っ張るほどの指導力もないが、アナキズム系からは期待されたことは間違いない。

ただ、新居が他のアナキストやそのシンパたちのできないことをやれる力量や才覚を持っていたことは間違いない。アナキズムを、難しい、あるいは激しい理論や思想としてではなく、市井の市民の暮らしに結び付けて展開する姿勢や方法である。また一般には忘れられたことで大切なことを発掘し訴えることなどである。

山崎今朝弥と解放社の幸徳秋水の著作集・全集への発案と協力、それを引き継ぐ先述の『クロポトキン全集』への協力も、新居の果たした役割の一端であった。他にも、青年アナキスト中心の『バクーニン全集』（近代評論社）はじめ、木村毅の紹介で大宅壮一が企画・編集した『社会問題講座』（新潮社、一九二七年）、ついで『社会思想全集』（平凡社、一九二八年、吉野作造、安部磯雄、堺利彦、石川三四郎と共に全集の案内目録に、新居も推薦文を書いている）、さらに『新興文学全集』（平凡社、一九二九年）などにも協力し、新居自ら執筆や翻訳を行うこともあった。

新居が関係したアナキズム系ないしはそれに近接する機関誌には、『北極星』『黒旗』（新聞版）、『虚無思想研究』『文芸批評』『リベルテール』『悪い仲間』『文芸ビルデング』『労働運動』『解放』『矛盾』『社会理想』『社会理想リーフレット』『解放戦線』（後藤学三編輯・発行の第一次ではなく、山田眞一編輯・発行の方）『黒色文芸』『みどり』『ディナミック』『黒色戦線』『自由を我等に』などがある。アナキズム労働運動・社会運動は後退しつつあったが、発表する機会は十分にあったのである。

若干を除いて、新居がリーダーや中心になるというよりも、依頼されれば協力するといった目立たない形での協力がほとんどであった。活動家や運動家として関わるというより、筆の人や思想家としての参加であった。彼は進んで機関紙・誌を指導したり、音頭をとったりするタイプではなかった。ほとんどが同志として誘われたり、あるいは自由人として声をかけられたりするものであった。それでも自らをアナキストと名乗ることもあったが、それもこの時期が最後であった。

その中では、新居としても例外はあった。とりわけ『黒色戦線』と殊に『自由を我等に』は特別の役割を果たしていた。

前者の『黒色戦線』は、第一期（一九二九年二月創刊）と第二期（一九三一年九月創刊、『黒旗』改題）があるが、新居はどちらにも何度か執筆していた。それだけアナキズム系に深入りすることを意味していた。アナキズム系の雑誌にこれほど深く関わることはなかったといってよかった。とはいえ、アナキズム系の雑誌に登場する機会が更に増えたという程度にもとれたのが大方であった。この点は小川未明に似ている。

後者の『自由を我等に』は、新居が最も深く関わったアナキズム系の機関誌の一つであった。一九三三年六月の創刊である。当時若者の人気を集めたフランスのルネ・クレールの同名の映画からタイトルを取った機関誌で、いかにも青年たちが飛びつきそうな雑誌やタイトルであった。

実際に、若い長谷川進、田戸正春、大道寺三郎、遠藤斌、川合仁らが担ったものであるが、新居はそれを承知で編集責任者を引き受けている。誌面上は表紙に「新居格編輯」と高く謳いながら、それに比べて奥付には「編集人・田戸」「発行人・大道寺」と記す程度に留めた。

前年の一九三二年に、相沢尚夫、長谷川進、入江一郎、遠藤斌ら若手は、厳しい抑圧と逼塞状態に、何とかしなくてはという気持で、『アナキズム研究』や『自覚と建設』を発行し、挑戦してみる。ところが、弾圧も厳しいが、自分たちの財政も厳しく、長くは続けることができなかった。

そのうち『アナキズム研究』は、クロポトキン協会の発行とし、相沢が編集・発行・印刷の責任を負った。「無政府主義研究誌」を銘打ったが、それにあわせるように簡素・地味な黒一色の表紙であった。菊版三二頁であったのは、若手にとっては財政上ぎりぎりの挑戦で、仕方のないことであった。「編集後記」でも、「本協会は貧乏だから。毎月発行は不可能だ」と余裕のない刊行だったことをうかがわせる。

ただ、アナキズムの若手らは、この段階で、マルクス主義が、マルクスらを目標・絶対視し、それを超える発想はなく、「マルクス主義者がマルクス、レーニンに固着する」（「創刊の辞」）と批判した。それに対し、「吾々はバクーニン、クロポトキンをさへ、乗り越して進まなければならない。」と訴え、マルクス主義との相違を明らかにした。この批判性・オリジナル性を訴えているのが如何にも印象的である。

なお、クロポトキン協会の事務所は、パンフレット中心に出版を心掛けていた「自覚と建設社」におかれた。この社は、『アナキズム研究』とほぼ同じメンバーで『自覚と建設』を月間リーフレットとして刊行する。このような自覚と建設社の経験を経て、『自由を我等に』に至るが、その際、出版社やスポンサーからお金を出してもらいやすく、当局に対して壁の役割にもなってくれる新居を引っ張り出すことにしたのであった。

もっとも、『自由を我等に』誌上では、新居はそれほど目立つ顔出しはしていない。とは言っても、やはり肝心のところは抑え、創刊号の巻頭には「発刊のことば」を寄せ、言うべきことはしっかり言っているのは、さすがである。

例えば、現状では「我々の生活の持つ空気があまりにも窮屈だ……雨の日の黄昏にも似た不愉快な暗鬱にわれわれは鎖されているからだ」と新居は言う。そして同誌が文芸誌であることをあえて断り、「文芸を培ふ何よりの土壌は自由である。自由の雰囲気のみが清新にして溌溂たる文芸を育成するのである。」「文芸雑誌であるが故に、『自由を我等に』といふ要求を先づ文芸から始める。」と、巧みに自由論を展開する。

ちなみに、この頃、新居は自らを「雑草」と呼ぶ。『自由を我等に』第二号（一九三三年七月）巻頭言「雑草の自由性」においてである。「わたしは山野草にひどく興味を持ちだした。わたし自身が人生の雑草だからだ。……どんな強烈な風よりも強い雑草とそれのもつ自由性を考へるがいい。故にわたしは敢て云ふのだ。——雑草の哲学を解せずして、世紀の思想を語る何らの資格なし、と。」

新居と並んで『自由を我等に』に寄稿し、支えてくれたのは、小川未明、上司小剣、竹内てるよ、伊福部敬子、岡本潤、辻潤、植村諦、伊藤和らである。もっとも、同誌のような自由な存在は官憲の介入もあり、長くは続かなかった。若いアナキストたちでは資金的工面・確保も容易ではなかった。結局、『自由を我等に』は第三号（一九三三年一一月）で終刊となる。

新居は、大杉栄亡き後、意図したわけではないが、加藤一夫、小川未明、石川三四郎、岩佐作太郎等と共に、いつの間にかアナキズム系の中心人物と目されるほどになっていた。内部対立したり、小集団化したりするアナキズム系でも、特に未明と共に敵が少なく、どの派からも受け入れられたので、執筆が目立っていく。そんな中で、新居は時々自らもアナキストであることを公言することもした。

もっとも「一人の極めて平凡なアナキスト」「平凡で根気のないアナキスト」（新居格「平凡なアナキストの願ひ」『悪い仲間』一九二七年十一月）などと、わざと卑下するかのように普通さ・平凡さを強調する言い方をする。いかにも新居らしい姿勢である。それは「運動に於いてアナキズムが大衆的でなければならない」（同上）という信念につながるものでもあった。

いずれにしろ、新居のアナキズムに対する信念は意外に堅固なものであった。弾圧が厳しい中にも、くり返し自らアナキストと公言し、自らの立場を曖昧にしなかったことにも、その点はうかがえよう。

例えば、彼は「アナキズムは権力と権威の否定から出発する」、ただし「文芸上の一切の否定主義なるダダイズムと混同すべきではない」と言う。そしてアナキズムは「民衆的である」こと、それ故に「卑劣な色彩だけは帯びない」こと、「だまし打、暗打などは排撃したい、同志に対する信頼の鞏固さのみがつなぐ」ことを訴えている（以上の引用は新居格「アナキストの心理」『黒旗』第二号、一九二六年一月）。

新居の著書や論文にも、『アナキズム芸術論―新芸術論システム―』（天人社、一九三〇年）などアナキズムを冠に打ち出すものも出てくるが、同書では「わたしはアナキストとして」とか、「ただひとりのアナキストとして」芸術の所論を展開することを明言している。本文でも、「われらアナキスト」といった言い方を繰り返し、自らがアナキストであることを曖昧にしない。

ただ、同書ではアナキズムの歴史、アナキズムとダダイズムやニヒリズムの相違などには言及するが、アナキズムそのものを明快に定義すること、あるいは自らのアナキズム論を深く展開することは行ってはいない。

このように、新居が自らの思想をアナキズムと位置づけ、自らをアナキストと呼べたのはこの時期が最後であったかもしれない。日中戦争以後は自由な言論が非常に難しくなっていく。新居はそのような時代の影響を巧みに逸らしながらも、まともに受けざるをえなくなっていく。しかし、その時代にも、自らの信念を守り、戦争協力でもぎりぎりの線で留め、自らの思想を守り通したのである。

（2） サッコ・ヴァンゼッチ事件への関わり

新居格は、真剣勝負の気持で街頭に出てアナキズム運動をしたことはめったになかった。世間的にも、アナキズム系とは受け止められていたが、アナキズム系の運動家・活動家とは受け止められていなかった。自らも運動家・活動家を名乗るのは、無理と考えていた。彼自身は自らをアナキストとはとらえていたが、あくまでも思想分けをすればアナキストとなるということだった。実際に、「無産運動闘士番付」「社会運動家番付」（たとえば『社会運動往来』第一巻五号、一九二九年一一月）などには、新居自身は全く相手にされていないことが分かる。

新居は言う。自分の性格や考えから、「私は実際運動に携わつてゐない。時来れば、それは別だが、今のところさうではない」。さらに、「わたしは臆病で意気地なしだ」。「わたしの性情には能動的なところ、積極性とも目すべきものが殆どない。であるからわたし自身が過去に於いて惹起した何の事件もなければ、何かの事件に参加してゐたと云ふこともなかつた」（新居格前掲「自画像を描く」『街の抛物線』）とも説明している。

その例外の一つに、サッコ・ヴァンゼッチ事件に対する抗議運動への新居の参加がある。この時は興奮し、検挙も覚悟で起ちあがった。『月夜の喫煙』の出版や、幸徳秋水の著作集の取りまとめへの協力を通して、山崎今朝弥の解放社と強いつながりができた直後の一九二七年のことでである。

サッコ・ヴァンゼッチ事件とは、イタリア出身の移民労働者ニコラ・サッコとバルトロメオ・ヴァンゼッチが巻き込まれ、処刑された冤罪事件である。世界中の社会主義者・アナキスト、さらに文化人が死刑の判決とその執行に声を大にして抗議したことでもよく知られている。

サッコとヴァンゼッチは一九〇八年にアメリカに渡り、多様な労働を転々としつつ、貧しいながら、何とか生活をたてていた。低劣な生活状態から、社会運動や反戦運動にも興味を持つ。その思想や労働運動への参加もあって、会社からはよく解雇された。特に第一次世界大戦後は、労働運動も反戦運動も拡大した。サッコとヴァンゼッチもその運動に加わっていた。

それに対する弾圧も厳しくなった。特に移民活動家は狙い撃ちされ、逮捕や国外追放に処されるものが多くなった。その頃、エマ・ゴールドマやアレキサンダー・ベルクマンも追放に処されている。

その延長で、一九二六年五月、サッコとヴァンゼッチは賃金強奪未遂事件と殺人事件の首謀者としてボストンで逮捕される。二人は、無実を訴え続けたのに、認められず、短期間の審理で死刑となった。世界中で真相の究明と根拠のない死刑判決に反対の声が上がった。にもかかわらず、受け入れられず、一九二七年八月、チャールスタウン刑務所において電気椅子で死刑に処された。

死後、新聞記者が中心になって検証がなされ、サッコとヴァンゼッチが無実であることが改めて確認され、真犯人も逮捕される。

その間、日本でも、社会運動家・思想家、作家、評論家、それに労働組合や社会運動団体が、アメリカ当局への糾弾と二人の擁護運動を展開した。その声が党派を超えて広がったが、とりわけアナキストとその団体の抗議と擁護運動が目立った。

『黒旋風』第三号（一九二七年十一月）は「サッコ・ヴァンゼッチ事件号」と銘打ってほぼ全頁を同事件に対する抗議に当てた。その他全国労働組合自由連合会、黒色青年連盟、東京印刷工組合、文芸解放社などが次々と抗議の集会、アメリカ大使館へのデモ、アメリカ大統領やマサチュセッツ州知事に抗議の書簡を送ったりした。それらの団体は弾圧防衛委員会も結成した。

新居は同事件を知り、情報を検証すると、世界中の社会運動家・社会思想家・文化人たちと同様に、無実で、デッチアゲに違いないと受け止める。死刑執行は何としてでも阻止しなくてはならないと思案した。じっとしていられなくなった彼は、「能動的でなく積極性の乏しい人間は実際運動家としては資格のないものであることをよく心得てゐる積りだ。だから、わたしは過去に於いて何等の実際運動に携はつてはゐない」（新居格前掲『街の抛物線』）と自覚していた。

ところが、サッコ・ヴァンゼッチ事件のときは違っていた。世界のアナキストや文化人が抗議と支援に立ち上がっているのを知って、新居も何とかしなくてはと、責任を感じた。そして世界のアナキストや文化人に恥じないためにも、できることはしようと、実際に起ちあがった。可能な集会には顔を出した。特に、神田の基督教青年会館で開催される抗議と支援の演説会には自らも講師を引き受けた。

新居は、当日は『文章倶楽部』に原稿も書き、それを届けて原稿料を手にしていた。主催者側は会場の借料金などにあてる資金が少なく困っていたので、金欠病ながら、その稿料をそっくり演説会に寄付をした。

壇上には石川三四郎も一緒だった。すべての弁士と同様に新居も演説の途中で、臨検の警官から弁士中止にあった。あげくは石川、新居ら講師も、会場やその後のデモの混乱を利用して検束された。彼にとっては第二回目の検束であった。一晩警察の留置場で過ごすことになったが、この日は、新居には覚悟ができていた。今度の演説会は穏やかには済まないだろうし、演説会の後だって、平穏に済むとは思えなかった。万一の場合、検束の覚悟くらいはしておく必要がある、と思っていた。

その夜は、三畳一間の留置場に六人が押し込まれ、窮屈で眠れる状態ではなかったが、サッコとヴァンゼッチのことを考えれば、大したことではないと思った。彼らしく「わたしは薄むらさき色と、水色と、淡紅色との配色になつたやうな美しい童話風の幻想に耽つてゐた」（新居格前掲『街の抛物線』）といった落ち着いた様子で、特にまいることもなく、一夜過ごした。次の日、特に厳しく当たられることもなく、留置場から解放された。

その後も、サッコ・ヴァンゼッチ事件に対するアナキズム系の抗議活動は続いた。抗議集会、デモ、パンフレット・ビラの発行・配布が繰り広げられた。それらが超党派であったのが注意をひいたが、やはりアナキズム系の動きが目立った。

特に新聞や雑誌の中でも『弾道』（秋山清編輯・発行人、一九三〇年八月）が注意を引いた。処刑から四年経った一九三〇年に至り、処刑の日「八月二二日」を特集テーマとし、冒頭の二〇頁に加え、岡本潤の「思想の純潔」などを含めると、大方の頁を特集にあてたのが注意を引いた。秋山ら詩人たちはそこまでサッコ・ヴァンゼッチ事件にこだわっていたということである。

(3) 市井の動きへの関心と生活協同組合運動への傾倒

(i) 生活協同組合運動の実践

一九三〇年代に入っても、新居は相変わらず多様な雑誌から執筆依頼を受け続けた。この頃、都下武蔵境の畑の中の一軒家を借り、仕事場にしたことがある（新居格「序文」佐藤史郎『詩集影』文芸タイムス社出版部、一九三三年）。多少のゆとりもあったということである。

しかし、依然として社会評論・社会運動には興味と関わりを持ち続ける。時代が時代だけに、アナキズム系など運動関係の機関紙・誌以外には、その領域のテーマについて執筆する機会は減少していく。

その代わり、新居は市井の大小様々な出来事、自らの散歩・旅行・読書などの趣味のこと、あるいは自然や環境の動きに、やさしく、時には鋭く観察の目を向けるようにしていた。特に市井の庶民の暮らし、表や裏の通りで展開される子どもや大人の日常の、あるいは些細な動きや出来事に対して、科学や哲学の目を向ける観察とも、遊びや趣味ともとれることに関心を向けていく。

新居によれば、科学や哲学は科学者・哲学者の専用・占有ではない。市井の市民の暮らしにも科学や哲学の対象とする課題やテーマはいくらでも転がっている。また、普通の市民も、日頃見ていること、頻繁に体験することでも、市民の日常の視点にちょっと工夫して科学や哲学の視点を加えて観察すれば、科学や哲学の世界に入れる。日々の、また日常のうつろいや出来事に対して興味をもって観察すれば、科学者や哲学者にひけを取らない新しいこと、珍しいことも発見できると考えていたのである。

この科学や哲学をうまく使って社会や生活を見ることは、新居にとっては科学性や哲学性を軽視する逆コースの軍国調や戦争熱に対抗する武器になった。科学や哲学の目でみれば、聖戦も天皇の神格化も、また弾圧も抑圧も、正当化されることはあり得なかった。実際に、彼は科学性のない上からの圧力に屈しきること、同調しきることはなかった。

それに、科学や哲学を表に出して社会や生活を見、執筆している限り、弾圧される心配も少なかった。そこを、新居はよく見ていたのである。

そのような新居の生き方を、私はかつて「街の生活者」と呼んだことがある（小松隆二「新居格─街の生活者」生活研究同人会編『近代日本の生活研究─庶民生活を刻みとめた人々』光生館、一九八二年）。そこには、後ろ向きの時代状況が強まる準戦時、さらに戦時体制に向かう時流に飲み込まれまい、押しつぶされまい、とする新居の自己防衛策の一面もうかがえる。自分らしく生きるために、自分に合った生き方を工夫する、いい意味での賢さが見えるのである。

それと共に、生活面を支えるあり方・方策として、新居は生活協同組合運動に活路や可能性を見出す。理論面でも、実践面でも、新居は生活協同組合運動に共鳴し、それを受け入れていく。

日本では、生活協同組合は労働運動と共に発展してきた。明治の黎明期の労働運動でも早くから、労働組合は、共働社・消費組合、さらには生活協同組合をよく活用した。優れた黎明期労働運動の指導者であった高野房太郎も片山潜も、労働者の生活や労働組合の連帯を守るものとして生活協同組合を重視した。大正期以降も、労働組合・労働運動は、生活協同組合を積極的に活用した。

大正以降の労働運動は、第一次世界大戦後の一九一九年に発展・飛躍へのきっかけをつかむと、大きく高揚して行く。ほぼその高揚に合わせ、労働運動は、生活協同組合にも挑戦し、どちらも発展する。

生活協同組合は、一人一人の自由発意に基づいて組織・運営されるもので、株式・株主に代わって組合員が対等に協力しあって参加し、自身の、そしてみんなの生活を守ろうとする。資本・株式や権力を持って参加し、管理・権限の掌握を行うのではなく、一人一人が一組合員として組合費を支払い、一人一人が自由に、対等に関わる。企業や地域とも、値下げ合戦などの競争よりも、共存を模索した。

その点で、新居自身の思想・理念にも、アナキズムにも、合致するものであった。だから「無政府主義的消費組合理論」（新居格『アナキズム芸術論―新芸術論システム―』天人社、一九三一年）の可能性・完成にも期待した。

それだけに、生活協同組合運動にあっては、新居は理論と実践の合一・統合を念頭に置いた。理論的にひかれ、共鳴しただけでなく、実践の必要性も感じ、実際に現場で活動にも従事し、生活にも活かしたのである。理事長など役職に任命されれば、それを受け入れた。さらに、一組合を超えて連合にも挑戦したし、広く生活協同組合運動全体のリーダーの一人にもなっていく。

実際には、新居が生活協同組合運動にも関わるようになったのは、一九二〇年代中盤であった。彼は生活協同組合でも大組織の生活協同組合や中央に位置する組織ではなく、足下の狭い地域、生活周辺での生活協同組合活動を重視した。仕入れや販売を考えると、規模の大きさのメリットも認め、組合間の連絡・連合にも協力した。

まず、一九二七年になると、各地の共働社の生成・発展の流れを受けとめるようになる。新居は、中央線沿線を足場に、西郊共働社の創設に関わった。そしてその理事長に就任する。奥むおも共感し、その組合に参加してくれた。西郊共働社は、まもなく西郊消費組合に改称するが、新居はその理事長も引き続き引き受ける。同消費組合は、消費組合連盟が改称・発展する関東消費組合連盟に加盟し、生活協同組合運動全体の動きと連携・連合するようになっていく。

さらに、新居は、生活協同組合運動の盛り上がりを反映する生活協同組合運動社の機関誌『協同組合運動』の創刊（一九二八年）にも協力する。

一九三〇年に入ると、生活協同組合運動の高揚を背景に、五月十一日に西郊消費組合が中心になって、「消費組合創立五周年」を記念する行事を行う。その際、「講演と音楽と劇の会」を高松座で開催する。左右多様なグループの連携であったが、西郊消費組合を代表して新居は、全体の基調的な記念講演を行っている（新城信一郎「西郊消費組合へ出動の記―東京左翼劇場―」『プロレタリア演劇』創刊号、一九三〇年六月）。

ただ、一九二八年、二九年頃には、労働運動でも、政治・政党の世界でも、労農党の結成や共産党の台頭から、日本労働総同盟が左右に分裂した流れが生活協同組合の領域にも浸透してくる。生活協同組合の長老の岡本利吉は、その対立で、左派系に担ぎ上げられ、代表的地位に押し上げられることになる（「左右両派に分裂した消費組合運動の現状」『社会運動往来』第一巻五号、一九二九年一一月）。

関東では、江東消費組合に拠点を置いた賀川豊彦らは、左翼系と対立する立場に立たざるを得なくなっていくが、新居らは西郊という地域組織として、思想的対立とは距離を置こうとした。

その年（一九三〇年）に、新居は生活協同組合に関するパンフレットを二冊刊行する。『消費組合と無政府主義』（共働・協同運動研究会、一九三〇年）と石川三四郎との共訳『消費組合の基礎と目的』（V・トトミアンツ、シャルル・ジイド原著、共働・協同運動研究会、一九三〇年）である。アナキズム陣営からは，他に加藤一夫らも生活協同組合に関心を示し、くり返し生活協同組合論を執筆、展開していた。

(ii) 生活協同組合運動の背景

このように、新居が消費組合、さらに生活協同組合運動に関わり、かつ長く関わり続けた一因に、従兄弟で、徳島時代から交流のある賀川豊彦、関東大震災前であるが、生活協同組合運動と縁の深かった純労働者組合の平沢計七、そして知友で生活協同組合運動や農村青年運動の指導者であった岡本利吉の存在を無視することができない。

三人とも、新居の敬愛、あるいは信頼する思想家・運動家であった。もちろん、生活協同組合の理念や方法が新居の生き方や思想に合ったものであることが根底にあるが、歩む道や思想の多少の相違はあっても、理想社会をめざして労働者・農民の側に立って実践する賀川、平沢、岡本らの生活協同組合運動への熱心な関わりが常に新居の視野に入っていたことは間違いない。

賀川が、「新居はおほよそ協同組合運動に性格が適してゐないのに、やってゐる」（新居格「政治的蜃気楼」新居格前掲『市井人の哲学』）と受け止めていたことを、新居も耳にしている。賀川とは日常的に継続する付き合いはないが、従兄弟同士で、また徳島中学校の同窓生として、さらに社会運動家として、常に温かい目で見守り合っていた。その賀川が情熱をそそぐ生活協同組合運動に、新居からすれば安心して関われる気持ちになれたのである。

また賀川から、そのように新居には生活協同組合運動のような組織運動、あるいは実践的運動は向いていないと言われた時、新居はまさに図星と受け止めたはずである。もっとも、賀川の方もだから新居は辞めたほうがいいと思っているのではなく、本来は実践運動・組織的活動の苦手な新居がよくやっているといった気持ちも込めていた。それだけに、新居の方もむしろそれを良き教訓に、なにくそと生活協同組合運動に関わる努力を続けた。それほど新居にとっては、消費組合運動・生活協同組合運動というものが大切なものであったのである。

平沢は純労働者組合の創設者で、アナ・ボル対立時代には中立的位置に立ち、またアナキズム系に多かった企業単位の組合活動も受け入れていた。また労働運動の一環として購買組合・消費組合の共働社の創設をすすめた。その運動では岡本利吉とも連携してすすめている。新居は新聞記者として平沢と付き合いがあり、大震災後の平沢の虐殺と葬儀には、新居も記者の身で悔やみに参加している。

岡本とは、ある時期はよく交流し、岡本が東京に出る時は、新居の自宅に居候することもよくあった。新居も、岡本が共働社や関東消費組合連盟などの創設に関わった後、協同組合の第一線を離れ、理想の社会づくりの実践の場として富士山麓（静岡県駿東郡富岡村）に農村青年共働学校を開くと、新居も講師などで訪ねたりしている。

そんな理想を夢み、全情熱で生活協同組合運動にも打ち込んだ岡本の姿から影響を受けることも少なくなかったのである。

以上のような生活協同組合との関わりについて、新居自身もまとめているように「わたしは多年、協同組合運動と共に歩んで来た。……わたしは西部共働社といふ消費組合を友人と共に始め、それが城西消費組合と改称して、それが時勢の関係上、停止の止むなきに至るまで十数年の間、その理事長となつてゐた」（新居格前掲『市井人の哲学』）と回想している。

この西郊消費組合の運動は、準戦時、さらに戦時下に実質を奪われ、活動は不能となる。ものも自由に言えない時代の到来だった。しかし、新居たちは、西郊消費組合の解散の手続きを踏まず、形式的には存続させたままにした。そのため、後のことになるが、戦時下の苦しい生活を体験して、戦後の混迷・混乱、そして生活の不如意の時代、しかし希望のもてる新時代を迎えると、戦前の消費組合の実績を忘れずに、新居たちは最初にその再組織化から取り組む。

実際に、やがて第二次世界大戦後に至り、ものが自由に言えるようになる新しい時代の到来と共に、新居はまず生活協同組合運動の必要性を認識し、かつての同志たちと西郊消費組合を復活する。

第四章　新居格の準戦時、さらに戦時下の生き方とささやかな抵抗

1　時局・時流にのみ込まれず、静かに抵抗する生き方

（1）時代に背を向けた思索・言動を崩さず

昭和は一桁、さらに二桁と進むにつれて、時代は戦争へと一層悪化の道を辿った。昭和が二桁に進む頃には、社会運動は極端にその勢いを阻害されていた。新居格も、その流れに沿わざるをえなくなっていた。

昭和の進行と共に、新居は自由な生活、自由な思想、自由な行動が抑制・抑圧される空気や環境が強まっていることに、危機感を募らせた。人間の生活を脅かす得体の知れない魔物がうごめきだしたのである。容易に対抗できないほど、巨大な魔物なのである。人間がないがしろにされ、自由や権利が脅かされるだけではなく、生命さえ軽んじられるほど、窮屈で不愉快な潮流が高まるのである。

特に一九三七年の日中戦争以降は、時代の後退は顕著であった。ものを言うにもよほど気を付けないと当局から注意が来た。

かくして、新居は、従来のように思想や運動にも手をそめながらも、市民の一人として市井のありふれた動向、普通の市民の暮らしなどにも、一層関心を広げ、街の生活者的な、また街の哲学者的な思考・執筆方法・姿勢の側面も強めていく。

新居は、自分の思想、思索、言動が時代の流れとどんどん離れていくのが分かった。時流にあわせられず、「社会に対しては逆行的」（新居格「青春奪還」『街の哲学』青年書房、一九四一年）なのである。

殊に一九三一年の満州事変、つづく上海事件、五・一五事件、さらに一九三七年の盧溝橋事件を機とする日中戦争への拡大と共に、時代は右傾化・軍国化・国家主義化をさらに進めた。あわせて自由な言論や行動の抑圧をますます強めていく。

そんな中で、新居はその軍国化という逆コースの潮流に流されないで、自分らしさを保つのに腐心する。如何に新居でも、時流や時局を全く拒否したり、積極的に組織や個人として抵抗したりすることは難しくなっていた。特に一九三五年の青年たちによる無政府共産党事件以後は、発言がむずかしくなった。新居は自分でも意識して注意するのだが、よほど考えないといけなかった。そこから、彼は最低限の抵抗の姿勢は崩さないあり方を工夫する。それは著作など出版活動に示されていく。

例えば、新居は好きではなかったが、麻雀屋の新設禁止にも、「私は警視庁のそんな心遣ひに賛成するものではない」と上からの抑圧には抵抗を示している。ましてや大好きなダンスホールに抑圧が入った時は、声を大にして反対した。新居から見れば、「ダンスは国際語みたいなもの」（新居格「カフェ、麻雀、ダンス、スポーツ」『街の抛物線』尖端社、一九三一年）でもっともっと普及してよいものであったからである。

そんな姿勢が軍国化の進む時代でも少しも変わらなかったので、新居は賢明にも、軍国化・逆コースの潮流の積極的な旗振り役は引き受けないで済んだ。時代と共に、深みにはまる聖戦遂行、鬼畜米英の叫び、天皇の神格化、特攻・人間魚雷などへの賛美に調子を合わせないようにした。国民一人ひとりの、死を覚悟する玉砕・全滅などの声にもできるだけ調子を合わせないようにした。むしろ、それらを受け入れるジャーナリズムや文化人の流れとは明らかに距離を置いたところに位置し続けた。

実際に、新居の文章を見るかぎり、昭和一〇年代、さらにその後半に入っても、準戦時、さらに戦時という人間が殺し合い、破壊し合う戦争下にある状況・雰囲気を少しも感じとれない。戦争らしい殺伐とした雰囲気、用語、発想が見られない。その点では徹底するほどであった。それほどに、戦争に関わる文章、特に時流に合わせる文章は、ほとんど書かなかった。稀に戦争に触れることがあっても、僅かに、あるいは例外的に触れるだけであった。戦争とはできるだけ遠い市井の市民中心に、日常的で、ありふれた生活を綴る一見平凡な文章が多かったのである。

著書では、『女性点描』(一九三四年)等の後、昭和一〇年代以降には、『生活の窓ひらく』(一九三六年)、『街の哲学』(一九四〇年)、『野雀は語る』(一九四一年)、『新しき倫理』(一九四二年)、『心のひびき』(一九四二年)、『新女大学』(一九四三年)、『心の日曜日』(一九四三年)などを世に問う。

著書のタイトルで見る限り、戦争・戦時などは全く読み取れない。実際に、いずれも準戦時・

戦時下とは思えない日常的・庶民的で、かつ市井のありふれた話題や関心を主とする穏やかなタイトルや内容の著書である。自らを「明敏な頭脳の所有者ではない。また博識でもない。その上、優秀な性格でもない」（新居格『街の哲学』青年書房、一九四〇年）といい、また「平人」・「市井の平人」や「詰まらぬ男」と繰り返す（新居格『心のひびき』道統社、一九四二年）。

著作の内容はといえば、殺し合い、壊し合い、憎み合いなどとは遠い「平人」の日常生活の平凡な観察、記録、感想、ひびきなどである。軍国化、聖戦遂行、天皇の神格化も超越している。それらとは歯車も、思索を紡ぐ糸も全く合わないのである。

著作の淵源となる、その思索にしても、戦時下の激流に合わせ、世間的評価や成功を考えるのではなく、「私はわたしだけの思索の縫針を通してゆけばいいと思ふだけである」（新居格前掲『街の哲学』）。そう思うだけでも、戦争という潮流とは離れていくばかりであった。

だから、新居の関心、そして書きたいことは、「街」「市井」「生活」「哲学」「女性」「心」「旅」「散歩」「趣味」、そして春の訪れなど季節の移り変わりや自然、さらにはか弱いが美しい花のこと、映画『自由を我等に』などの感想を標題や内容とするものである。特に日中戦争以後はそれが顕著であった。戦火の拡大、戦局の悪化、天皇の神格化などとは遠い話ばかりである。実は、その市井を足場に据える日常的・庶民的姿勢、観察、表現こそ、新居として逆コース・軍国化・聖戦の絶対化に、微かであれ抵抗しうる方法であり、実践であった。

新居は天皇の絶対化には容易には応じようとはしなかった。それは戦時下が深まろうと変わることはなかった。他の者が天皇の絶対化に踏み出そうと、これだけは左に右にと言葉を選びつつ従おうとはしなかった。彼は、他の点で譲ることは譲ったが、この点は変わることはなかったのである。

（2） 戦時下の苦闘

新居格の著作にあっては、表に出されたタイトル、そして章や節の小タイトルからは、戦争・戦時色、戦局の激化・悪化、若者の悲惨な犠牲が拡大する動き、それへの賛同や賛美は、全く感じとれないこともあった。それは時代を考えれば不思議なことであった。僅かに著書でみても、ほんの一割程度にあたる一章程度である。他は著書の内容も同様で、人間性を無視する戦争の時代に合わせた過激な用語や言い回し、積極的な肯定や賛美を行うことで、自分を見失うようなことはしなかったのである。

それがこの時代における新居のぎりぎりの選択・方法であった。つまらぬ「市井の平人」をあえて自称し、ありふれた市井の市民の暮らし・日常にこだわり続け、戦争から目を逸らし続けたところに、新居の真価、新居らしさがよくうかがえるのである。

この時代に、新居は『随筆京都』（ウスキ書房、一九四一年）に「京都点描」を載せている。短い随筆である。新居としては思想的配慮の心配もなく、こんな原稿なら気軽なものであった。しかし、このような原稿ばかりではすまなかった。何とか戦争を避ける日常に触れた原稿に内容を絞らざるをえなかった。

ただ、新居にとって有難かったのは、新居のさりげない日常に触れた著作が意外にも一部のものからであれ、歓迎されたことである。ここで取り上げた『街の哲学』『心のひびき』『心の日曜日』なども比較的よく売れた方である。それが新居に厳しい抑圧下に執筆を続ける意欲を与えたのである。

もっとも、戦時下に、生活・家計の方は良くなることはなかった。新居はよく「私はお金もないが、ユーモアもない」（新居格前掲『街の哲学』）などとふざけるが、この頃から生活はさらに苦しくなっていく。もともと定職・定収入がなく、原稿料暮らしの身で、暮らしは不安定であった。空襲などで住宅や家族の安全も保障できなくなっていくし、収入に結び付く執筆のできる商業ベースの雑誌や機関紙・誌が減り、印税・原稿料収入がどんどん減少していくからである。

そのため、検閲の心配がそれほどでなく、売れ行きもベストセラーとまでは行かなくても、収支ぎりぎりの確保は見通せる外国文学には、出版社も乗ってきた。特に、関心を集めやすいノーベル賞など著名な賞の受賞者の作品には乗ってきた。それに合わせて、新居も外国モノをあえて取り上げ、翻訳・刊行する。しかも、生活に関わるので、相当のスピードで翻訳を終え、出版にこぎつけた。

なお、ちょっと変わったところでは、一九四二年慶應義塾予科会の『予科会雑誌』の随筆選者の仕事も、三木清、茅野蕭々らと共に引き受けていることが忘れられない。学生の投稿する随筆を選考する仕事である。特に慶應の学生には他大学にはない自由な雰囲気もなお強く、『予科会雑誌』の活動も、軍国熱・戦争熱とはほとんど関係がない上、若干の謝礼も出たので、新居としては有難い仕事であった。

昭和一〇年代に突入する一九三〇年代の中頃以降は、アナキズム関係など左翼系・社会主義系の機関紙・誌の発行は難しくなるが、ぎりぎりまで新居は協力した。先に紹介した一九三三年の青年アナキストが中心になった『自由を我等に』が、新居が責任者として関係するアナキズム系機関誌の最後になってしまう。

それでも、新居は最後までアナキズムに関心があること、アナキストであることを否定することはしなかった。

例えば、「この国ではアナキズムと云へばひどく嫌がられているかのやうだ。私はその一人である。ではあるが私は食ふための売文に忙しいので遺憾なことではあるが、その原理を十分研究する暇がない。また種々の事情から実際運動に敢然として身を挺することが許されない」と新居は記している。

そんな自分のようなものには、実践アナキストからも、コミュニストからも批判が寄せられる。しかし、自分は「本当のアナキストでないとしてもそれは止むを得ない。私は私の性格が惹きつけるアナキズムの思想に依然として附いて行くだけである」（新居格「或る日のサロンにて」新居格前掲『生活の錆』岡倉書房、一九三三年）と言い切っている。

人的交流では、アナキスト・自由人を超えて、弾圧に遭うこともあった人たちで、立場の異なる尾崎士郎、梶井基次郎、櫛田民蔵、大塚金之助らとの交流も行っているので、留意されてよい。また時代の逆流の中で、まち、暮らし、季節の移り変わり、読書や散策など趣味の話題、旅の思い出など日常の生活に関する論考、芸術や映画など娯楽や文化に関する論考が増えるのも、また後に詳しく触れるように、科学や哲学の用語やあり方を頻繁に取り上げたのも、準戦時・戦時下に自分を守るための工夫でもあった。

そんな中にも、時々我慢がならなくなると、時勢・時流に批判を加えることもした。例えば、どの土地にも、特権的階級はいるが、特に東京には「特殊地位、特権階級が多く、……市井人たちに比して、戦時体制下にも一段と利便を得つつある……そして彼等の地位堅牢なるタブーとして治外法権性をもつてゐるのだ。……市井人は心中それを著しく不快に思つた」。また戦局の悪化と共に、夏の海水浴場や山の湖畔にも、観光客がさほど現れず、ビーチ・パラソルにも喫茶店にも人はめったに居ない。それは、「事変にたいする人々の自戒が、たぶんの原因であらう……しかし少々活気がなさ過ぎるやうな感じもしてわびしいものがあつた」（新居格前掲『街の哲学』）とまで言っている。

生活のためにも、自分の生き方のためにも、文筆活動を続けたい。しかし、時流に乗りすぎ、戦争協力・聖戦遂行の一方で自分を見失うことはしたくない。原稿料・印税が収入のほとんどなので、軍国化や聖戦遂行の時流に乗ったテーマや内容に走れば、執筆の機会は多かったのに、新居はそれをしなかった。それでは、収入がどんどん減っていくのは、当然であった。それでも、そういった上からの圧力に敗けず、自分に忠実な意思や視点が明快にうかがえる執筆態度・姿勢を守っていたのである。

戦前最後の著作となる『心の日曜日』や、その直前の『心のひびき』『新女大学』『野雀は語る』『街の哲学』などは、そのような新居らしさが最もよく出ている著作である。後により詳しく触れるが、タイトルといい、内容・文章といい、戦時下、それも戦争が泥沼にはまり込み、著作類も軍国色・戦争協力一色になる時代に、そのような時流とは遠い、市井の市民の暮らし・日常を重視し、戦時下でも美しさや優しさの意義・良さ、さらに市民派の科学・哲学の必要を訴える。

そのように、新居は戦争協力や聖戦遂行にはある程度距離を置いた。戦争に狂わされている世相を鎮静化するかのような姿勢を崩さなかったのである。

そのようにして、新居は厳しい戦時下にもいかにも彼らしい市民本位の姿勢、執筆・発言を守り通そうとした。多少は影響を受けたものの、それは限度のあるものだった。つまり静かな中にもアナキズム的な生き方を通したのである。同時に、そのままでは駄目で、危険の伴うものであることも覚悟していたのである。

2　言論の自由の抑圧と新居格の外国文学への傾斜

(1)　外国ものへの回避

時代の流れは、新居格にとっては明らかに不利に動いていた。一九三〇年代の進行と共に彼の得意な分野の一つ社会活動・社会運動・社会思想論に関しては、収入に結び付く執筆機会が極端に減っていくし、講演類もそう期待できなくなっていた。

新居は時流への抵抗もあり、エロ・グロ論、ナンセンス論（ナンセンス文学等）、ジャーナリズムのドン・キホーティズム化なども、もっともらしく論じる。それに、この後も、新居は戦争・戦場とは遠い市井の市民生活や日常のみに目を向けていたわけではない。どうしても我慢のならないことがあると、明確に反対もした。

それでも、この間、新居ないしは日本の作家や文筆家が組織化に全く動かなかったわけではない。新居が関わった組織では、日本ペン・クラブの活動があった。そこで、新居はたんなる一会員ではなく、他の会員にも記憶されている程度の活動もしていた。高見順の回想でも（高見順『昭和文学盛衰史　二』文芸春秋新社、一九五八年）、新居が日本ペン・クラブでは一九三五年の創設以来の会員で、評議員でもあったことが記されている。また作家や文筆家の集まりの民間性や自由性では、第三者にも目だつほどの主張をしていたこと、日本ペン・クラブの国際性にも関心を示し、国際大会の東京開催にも尽力していたこともうかがえる。

しかし、その後の一層の右傾化、逆コースの荒波、二・二六事件の勃発、さらに戦火の拡大は、全国的に自由な発言や行動を困難とする状況を全般化していく。日本ペン・クラブもそのような嵐の中に、自由な活動が困難になっていく。

そうした状況にあっても新居としては、自身と家族の生活を守る必要もあり、何とか工夫をせざるを得なかった。前述のように国内の動向では、海外侵略や聖戦、天皇の神格化などの時流には乗らず、むしろ平凡でありふれた市民の日常に目を向けていく。さらに、外国の文学作品の翻訳や紹介にも積極的に取り組む。それらが、新居の工夫の一つであった。

文芸物の翻訳なら、検閲の心配もそれほどでないし、出版社も受け入れてくれたので、辛うじて世に送り出すことができた。一部は予想以上に売れたが、ただ、ノーベル賞作家のものなら、版を重ねるほどよく売れるというわけではなかった。それでも、僅かであれ、印税収入があてにできたのは有難いことであった。

例えば、アンドレ・マルロウ『熱風─民国大動乱─』（先進社、一九三〇年）、マキシム・ゴーリキー『四〇年』（天人社、一九三〇年）、パール・バック『大地』（第一書房、一九三五年）、同『息子達』（第一書房、一九三六年）、同『ありのままの貴女』（今日の問題社、一九四〇年）、マージョリ・K・ローリングス『イアリング』（子鹿物語）』（四元社、一九三九年。洛陽書院、一九四一年）、ジョン・スタインベック『怒りの葡萄』上巻（四元社、一九三九年）、他に林語堂『我国土・我国民』

（豊文書院、一九三八年）クリストファー・モーリ『青春の記録』（洛陽書院、一九四〇年）、レイモント・スタニスラウ『農民』（文学社、一九三九年）などであった。しかも相当のスピードで翻訳、出版を行っていく。そのため、翻訳の質の方は十分なものとならなかった。『クレオパトラ』（新潮社、一九三六年）等は翻訳ではないが、外国を扱った点で同様に検閲等で楽な方であった。

その頃、日本でもノーベル文学賞やピュリッツァー賞など高名な賞を受けた作家や作品がもてはやされたが、新居も上記のようにノーベル賞を受け、かつアメリカ合衆国中心に販売数も伸びていたパール・バックやスタインベックに、またピュリッツァー賞を受けたローリングスに興味を示し、早くから翻訳に取り組む。

その一環で、今日の問題社の「ノーベル賞文学叢書」の出版にも協力する。あるいは中国の国民性、風土、政治、生活、芸術を論じた林語堂の『我国土・我国民』にも手を伸ばす。同書は英語で書かれたもので、パール・バックの序文も載り、出版と同時に欧米で広く評判をとった。それを受けとめた同書の新居訳は、日本でもよく売れた。

パール・バックの『大地』の原作は、一九三一年の出版であった。長年の中国における生活体験から生み出された、彼女の変動激しい激動地の中国を舞台にしたスケールの大きな作品である。当然のことながら、評価は高いが、個々には賛否こもごもであった。全般的には評価は高く、また良く売れた。その上、ピュリッツァー賞、ついでノーベル賞も受賞する。

新居はその『大地』を初版が世に送り出されてから四年経った一九三五年に翻訳を終え、第一書房から刊行する。その新居訳は、戦後に至り、中野好夫が誤訳を含め、丁寧に手を入れ、新居訳、中野補訳として新潮社から刊行される。中野の好意が良く分かる書で、お蔭で新居訳は今も生きることになっている。

ただし、第一書房の『大地』では、印税の配分問題で新居は告訴される事件にまきこまれる。幸い、山崎今朝弥が弁護人となり、また知友の木村毅らの応援もあり、新居の立場・主張が認められる結果に終わっている。

しかるに、戦時体制の進行、そして戦局の一層の悪化と共に、新居にとっては収入源となる執筆の機会がさらに減っていく。ついに翻訳モノもアメリカなど敵国のものは忌避されるようになる。それでも、戦時体制と殊更対立・対抗するのは避けて、戦争遂行の体制・時代に寄り沿う姿勢は示しつつ、しかし譲らず守るべきは守るという姿勢は変えなかった。

そのため、他の作家や評論家に比べて、戦争協力の色は極端に薄く、ぎりぎり一九四三年初めまでは戦争協力色のほとんどない独自のペースで執筆することができた。実際に、相変わらず極端な戦争協力、聖戦遂行、天皇の神格化を訴える表現は使わなかった。その点は多くの作家や評論家とは違っていた。可能な限り戦争協力を避け続けたものの、最後は戦争体制に少しずつ巻き込まれざるを得なくなるが、ぎりぎり戦争協力を控えようとした従兄弟の賀川豊彦によく似た対応をとっていた。

それでも、一九三五年前後以降では、新居は『婦人之友』『相談』『日本学芸新聞』『セルパン』『温泉』『改造』『家庭』『アラベスク』『シャリヴァリ』『月刊文章』『新潮』『蝋人形』『総力・創意・責任』（東鉄奉公会機関誌）『学芸』『会館芸術』（財団法人朝日新聞社会事業団）『社会評論』『新知識』『新国劇』『婦人朝日』『婦人日本』『新潮評論』『書物新潮』『週刊朝日』『文芸情報』『エコー』『衣服研究』『科学ペン』『旅』『台湾公論』などに寄稿している。

新居が佐々木邦の『ユーモアグラフ』（「時事談議」）、『ホームグラフ』（「戦時下の街頭　女性風俗評」）に時事問題などで筆を執っているのも、その頃である。いずれも時流を考えた比較的緩やかな内容であった。

こんな具合で、声をかけてくれる雑誌類は決して少なくはなかったが、全てが原稿料、それも良好な原稿料に結び付くわけではなかった。比較的執筆回数の多い『セルパン』にしても、原稿料は多い方ではなかった。ともかく原稿料に関係なく筆を執ったものの、それでも、ことに戦局の悪化と共に、新居家の家計は苦しくなる一方であった。

（2）少なくなる執筆の機会

この時期の論説で新居らしいものの一つに、「自由・不自由」（『科学ペン』第六巻四号、一九四一年四月。『野雀は語る』青年書房、一九四一年の「自由・不自由」も参照）がある。モノを自由に言えない時代に、あえて自由論など厄介なテーマを取り上げるのも、新居らしい。

新居は言う。自由が抑制され、たしかに「言論が不自由で窮屈だといふ。それはさうかもしれない」と言いつつ、自由というものは、当局が上からいかに厳しく抑えようとしても、完全に抑えきれるものではない。ただ、抑圧とまともにぶっつかっても無理なので、工夫する必要がある。彼らしく「空想の自由はいつだつてある」と皮肉を皮肉と見せないでまじめそうに論ずる。「心の日曜日」と同じ発想である。

その論の最後は、「新しい自由を、新しい照射に於て考へるのが、今日の問題ではないだらうか」と自由論をもっともらしく、しかし当局から見たら、分かったような分からないような曖昧な説明・論理で戦時下における自由について論じ、締めくくっている。この一篇は、そうは見せないで、実は論全体が戦時下の自由の抑制・抑圧に対して、まともな批判は避けて、しかし基本的には不満・皮肉を展開する姿勢に立っていると言ってよいものである。

同じ頃、比較的長く継続的に執筆した機関紙に、川合仁が社長を務める『日本学芸新聞』がある。川合は啓明会の『文化運動』の編集や農民自治会の創設にも関わった一人である。彼の学芸新聞社は、地方紙や小新聞に小説初め、文芸ものを配信する会社であった。機関紙『日本学芸新聞』は一九三五年十一月の創刊である。その創刊から、しばらくの間、新居はほぼ継続的に筆をとっている。石川三四郎、壺井繁治らも執筆している。いずれも川合との親交に基づくものである。

同紙では、特に新居が得意の新造語を駆使して「政治の科学性」や「民族社会主義」などについて発言していることが注目される。民族社会主義と言っても、右翼的・国家主義的な発想、具体的な事例に基づくものではなく、「民族」のような時流に合わせた用語を用いてはいるが、個人主義を認めた上で、豊かな国・強い国とそうでない国の調和などを考えたものである。

それにしても、新居は、戦局が悪化する中にも、戦争や時流に完全に同化あるいは埋没することなく、辛抱強く心の中でささやかに抵抗する気持をさりげなく表現し続けた。例えば美しいもの、優しいもの、弱いものまで、戦時下だからとあえてその良さを無視し、戦争に役立つ強いものに変えて受け止めようとする。こんな風潮などに対して、優しいものは優しいままで良いとさりげなく批判をする。

「戦争の春でも、花は咲く。ただ、われわれはその花にたいしても観賞に多少の気兼がするだけだ。しかし、美しい花を見ても、それを美しくないと思ふほど心を硬化させては不可《まづ》いのではないか。やさしいものこそ、強いこころでもあるからである」（新居格『心のひびき』道統社、一九四二年）といった巧みな表現で自己主張をしているのが目立つのもその例である。

一九四二年以降になると、新居が執筆できた雑誌は、『旅』『ホームグラフ』『婦人日本』『台湾公論』などに限られていく。時代に合わせて戦争協力の声を大にすれば、もう少し原稿を書く機会は増えただろう。しかし、その気はなかった。時代は考える以上に悪化していた。新聞用紙やインク類の不足、働く者の不足、さらに印刷会社の長野や甲府など地方への疎開で、出版活動は急速に縮小していた。特に新居が自己流の調子で自由に書かせてもらえる雑誌類は、極端に減っていく。

それを見越して、新居は家族と共に身の安全のためにも空襲にさらされる危険度の高い東京からいよいよ脱出することを考えざるを得なくなっていく。それが自分の取るべき道であると考えた。時流に合わせて自分の文章をこれ以上変えることはできなかったし、もはや時流も自分を待ってはくれなかったのである。

（3）科学・哲学の重視と軍国化・抑圧体制への抵抗

新居格は、前述のように早くから科学と哲学、あるいは科学性と哲学性というものを重視し、大切にした。その際、旧態依然の科学者や哲学者の高みから見る姿勢や視点からではなく、一般市民の目線で受け止める認識を示した。

その上で、そのような視点・方法を上からの軍国化や官本位の、また一方的な抑圧や弾圧に対する批判・対抗の方法としても使うようになる。科学や哲学ということで、思想や社会運動とは関係なく、しかも国家や時代の潮流への批判や抵抗と思わせない形で、いかにも普通の市民の目線や姿勢で、支配階級や上流階級の論理・屁理屈への批判、また国家や体制の理不尽さへの批判に巧みに援用するのである。それこそ、新居の得意とする科学論や哲学論と正反対に位置するものであった。

例えば、新居は哲学をこんな使い方もする。彼は自らを「市井の無頼漢」と言い、「市井の無頼漢には、無頼漢の哲学がある。誤解しないで呉れ、無頼漢とはルンペンを意味しないのだし、街の紳士でもないし、……ギャングでもない。威張りもしない。却つて非常に謙虚な積りだ。民衆にたいしては、誰にも彼にも敬意をささげる」（新居格前掲「市井の無頼漢」『生活の錆』）。新居自身の人柄や姿勢を自ら紹介していると思えるほどであるが、いかにも新居らしい語り口である。

新居にあっては、哲学とは、哲学者や上流階級だけの高等・高尚なものではなく、普通の市民も関われるものと考える。普通の市民の生き方、論理にもなるからである。あくまでも一般市民の立場を守るのが哲学であり、科学であったからである。

準戦時・戦時下の恐怖に近い上からの一方的な抑圧、有無を言わせぬ命令・強制、また事実、実態を反映しない一方的な説明・情報操作に対して、直接対抗しても無視どころか、抑圧も受けかねない。科学・哲学や科学性・哲学性の重視・日常化を前面に打ち出すことで、遠回しに科学性に欠ける支配階級の、また官憲の論理・方法を批判するのである。一般市民どころか、プロの作家や評論家でも容易にはできない手法である。新居はそれをいとも簡単にさりげなく、しかもくり返し行っている。

例えば、新居は、先にも見たが、戦時下・軍国化の風潮の下でも、女性でも、花々でも美しいものは美しいまま、優しいものは優しいままで良いのであって、無理をして強く見せかける必要などはないといったことは言い続ける。あるいは週末も返上して戦争協力する時代にも、日曜日・休日・休養を大切にし、それが無理なら、せめて心にだけでも日曜日を持とうといった、訴えも行う。それが新居の哲学なのである。『心の日曜日』や『心のひびき』、あるいは『街の哲学』『新女大学』などにくり返し見られる表現方法である。それらは、他の人には真似のできない新居らしい逆コースへの独特の対抗・抵抗の仕方であり、手法であった。

彼の言う科学性や哲学性とは一部の専門家の言いなりや都合に従うことではなく、大多数の市民の側に立つこと、市民の常識に沿うことであった。市民の姿勢や常識に対して軍や警察の力を使って無視や抑圧したのが戦時体制下の言論や姿勢の抑圧であった。新居は、科学や哲学というものは一部の専門家・当事者が専有したり、自分たちに都合よく使ったりするものではなかった。庶民を含め、誰もが関わることができるものであることを訴えつつ、科学や科学性に反する上からの一方的な論理・押し付けなど戦時下の不合理で、非理性的な判断・主張・指導に巧妙に対抗しようとしたのである。

その科学や哲学は、明らかに筋が通っていた。科学性や哲学性の必要性・日常性を訴えることは、当時の為政者を批判することであった。科学や哲学も無視する独裁や専制、また情報操作など政治や行政、軍部や官憲のご都合主義・専制主義の批判は、直接は無理でも、遠回しには可能であったのである。

実際に、新居は科学性や哲学性の意義や必要については一貫して訴える。とりわけ準戦時・戦時体制に入ると、この点を穏やかに、有効に活用した。決して大声を上げたり、拳を振り上げるようにではなく、穏やかにさりげなく、しかし巧妙に使ったのである。

準戦時体制に入っていた一九三七年に、新居は「政治の科学性」(『日本学芸新聞』二八号、一九三七年四月)という小論を発表している。そこでは、思い付きや一方的にではなく、国民に魅力的で納得できる政策や方向を具体的に示すこと、政党間や政治の主体にバランスが崩れているので、「無産党の躍進」に期待すること等が訴えられる。それらも、新居にとっては科学性や哲学性に沿う主張であったのである。

新居にとって戦前最後の著作になる『心の日曜日』(一九四三年)でも、次節で改めて詳しく触れるように章のタイトルにさえ、一見難しそうな哲学や科学の用語や理念を頻繁に使っている。それは、科学や哲学というものが、一部の専門家のみのものではなく、一般市民も関わることが出来るものであることを訴えていた。と同時に、国策でも、また政治・行政でも、官と民における主体・担い手のバランスが崩れ、市民が無視され、ただ一方的に否応なく従属させられている状況、あるいは市民の常識が遠くに追いやられている非科学的状況への遠回しの批判でもあった。

そのように、科学や哲学というものを大切にするようにと訴えられても、巧みな論理・話し方なので、お上も官憲も簡単には新居の主張を見抜き、排除や抑圧することができなかったのである。

かくのごとく、新居は政治や社会への批判や官憲に対する批判を、直接ぶつける形・方法は取らなかった。そうではなく、科学や哲学という政治や行政も、また官憲も、否定しにくい衣や理念をまとって巧妙に対応・対抗した。そのことがいかにも新居らしいのである。それは以下に触れる「心の日曜日」の発想・抵抗にも見られるのと同じ手法であった。新居らしく抵抗とも批判とも気づかせずに、僅かではあるが、抑圧下に、また戦時下に試みた彼の抵抗にほかならなかった。

新居はどんなに戦争熱が盛り上がり、天皇の神格化が高まろうと、また上から偏った指導や命令がやって来ようと、「わたしらしい歩調」(新居格前掲『街の哲学』)のリズムをつかみ、その歩調を譲らなかったのである。

(4) 戦時下の魯迅との出会い

前にも触れたように、新居格は外国文学にも造詣が深かった。多くの翻訳も残したし、何人もの外国人作家とも交流した。その中で、彼が襟を正すほど気が引き締まり、心から敬愛できたのは、中国の魯迅(周)であった。

もともと、新居にとっては外国人作家との交流と言えば、日本語を話せるものが多い中国人作家がほとんどであった。魯迅もその一人で、新居が言うには仙台訛りが少し入っていたというが、日本語が話せたので、心おきなく付き合うことができた。

新居は何度か中国に渡るが、最初の二度の訪問の際、上海で魯迅と会っている。少数の中国人作家との会合でも会ったが、内山完造の紹介で、内山書店において一対一で何度か会うことができた。また日本語の翻訳を通してではあるが、魯迅の小説も好んで読み、好きだった。

そんな触れ合いの中で、魯迅という人が別格の大人物であることを見抜く。中国の国情が、変動激しく、上からの迫害のため、常に身の危険を感じつつ、時には追われながらの生活なのに、泰然とし、にこやかに場の雰囲気を大切に守る魯迅の強さに感服する。

その上、魯迅は時代の弾圧には容易に負けなかったが、ダダイスト的な言動や無頼漢的言動には厳しかった（新居格「魯迅の印象」新居格前掲『心のひびき』）。この点は新居と一致するところであった。

新居は、魯迅の作品も人柄も好きだったうえに、人物的にも外見的にも、人品の面でも最高の人と評価せざるを得なかった。新居自身の言葉を借りれば、彼は「無雑作で質素であつたが」、風貌は「嵯峨たる峻峯の如き感じ」であり、人柄・品格も「共に語れば飾気のない実に親しむべき人物であつた」。何も言うことはなく、ただほれぼれしたのである。特に迫害にもたじろがない人柄と持つ風格にはすっかりひきつけられた。その点では、多くのことを魯迅から学ぶことができた。

総合してみて、「現代支那の文学界が持つ最高の存在」であるだけでなく、「世界の文学史上に残る人」、そして「魯迅の名は彼の遺した多くの著作と共に永久に残るであらう」（新居格前掲「魯迅といふ男」『心のひびき』）と手放しの受け止めようであった。

新居は作家と言わず、人に揮毫を頼むということはしたことがなかった。そんなことをする気もなかった。ところが、魯迅は例外であった。魯迅の書だけは身近に置けたらどんなに良いだろうと思った。それまでしたこともないことだったのに、思わず魯迅に揮毫を所望した。それほど新居にとっては、魯迅はどうでもよい並みの作家ではなく、全く特別の人であったのである。

それに対して魯迅は快く引き受け、いとも簡単に揮毫してくれた。新居とは通じ合うものを感じ取ったのであろう。新居は、それを宝物のように大切に持ち帰り、掛軸にした。その「七絶の一軸」を自宅の居室に飾った。そして、大切に守り、味わい続けた。

それを観るたびに、新居は、魯迅の人柄や作品、置かれた厳しい環境を思いだし、自らへの反省や励みにした。よく自らを顧み、言動や生活ぶりを反省した。日記にもその点はよくうかがえる。魯迅のことを思い起こすと、一層反省の気持が強くなったにちがいない。魯迅は、新居にとってはそれほどの大きな存在になっていたのである。

魯迅の死を知らされた時は、「秋雨暗く降る日」であった。誰の死よりも、惜しい人を亡くしたと残念に思った。戦時下に戦局はますます悪化し、言論・執筆の自由も狭く塞がれ、生活も一層不安定になっているときだけに、新居はその死に「魯迅に至っては傷心した」（新居格前掲「魯迅といふ男」『心のひびき』）と言う気持を吐露している。このような自由を奪われた厳しい時代にこそ、魯迅なら必ず道を誤らぬように、正しい道を示してくれたのではなかったかと、残念で仕方がなかった。

新居が上海の内山書店で魯迅に最後に会った時、魯迅は身の安全や弾圧を避けるためにも日本に行きたいという気持を持っているように新居には思えた。それを後押ししてやれなかったことも、悔やむが、後悔先に立たずであった。魯迅の死は新居にとってはまさに世界の損失であった。日本でも手も足も出ない厳しい時代に入るだけに、魯迅は忘れられない人物になっていく。

3　戦争熱・軍国熱を鎮める新居格の著述

(1)　新居格の戦前最後の作品『心のひびき』『新女大学』『心の日曜日』

一九四三年、東京脱出の前に、新居格は戦前最後の著作として『心の日曜日』(大京堂書店、一九四三年)をまとめ、刊行する。大部分が書下ろしであった。戦局が悪化するなかで、東京を脱出する前にどうしても言いたいことを、穏やかな語り口で書き留めたものである。それらに、それまで書きためたものから選んで少しだけ追加して一書とした。

『心の日曜日』は、戦前最後の著作となったが、新居らしい姿勢、語り口、文章はいつもの通りであった。厳しい時局・戦局に関係なく、普通さ、平凡さ、日常性に徹するものであった。それでいて、言うべきこと、新居にしか言えないことが穏やかに、しかし、しっかり描きこめられていた。

実は、同年刊行の『新女大学』(全国書房、一九四三年)あるいはその前年刊行の『心のひびき』(道統社)も、同様の視点や姿勢から執筆されていた。どちらも、タイトルからして、『心の日曜日』と共に、戦局の泥沼化、相次ぐ敗北、空襲の拡大・全面化、真実を隠す情報操作などの時流・風潮には全く合いそうにないものであった。

内容を見ても、そんな時代の悪化、破局の進行などは、どこにもないかのように、季節の移ろい、読書、散歩、旅、健康などが取り上げられている。また女性らしさ、女性の読書、恋愛、勇気など、戦時下の人間同士が殺し合う厳しさとは大きく距離を置いて市井のこと、日常のさりげない出来事などが主に取り上げられている。そこで新居が書き残したかったことは、日本の市井の、また市民の現実の暮らしや日常であって、政府や軍部の発信している情報や状況とは別世界の姿なのである。

新居の姿勢も著書の内容も、現に進行している破局に向かおうとしている聖戦とも、また天皇の神格化とも遠いのである。自著を「欠点ばかり無暗に多い」「平人」「一箇の市井人」の生活の記録・響き・感想であるとして、「詰まらぬ男ではあるが、それでも好んで附合つてくれる多くの賢者や友人達があるやうに、詰らない本だけれど、詰らぬが故に私に附合つてくれる読者がないとも限らぬ」（新居格前掲『心のひびき』「自序」）といった具合である。

むしろ、新居は悪化し、悪夢に取りつかれたように後退する戦局をどこかに押しやり、そのような時流や難局を見るとしても、斜に見る姿勢である。国の指導や情報操作に乗って戦争を煽り、聖戦を正当化するような姿勢や文章は、僅かに限られ、ほとんど見られないのである。

この新居の姿勢・手法は、満州事変や五・一五事件後の一九三三年の『生活の錆』にもすでにうかがえる。例えば、同書には、ヴァレリーを引用しつつ、当時の状況を「教養なきものが愚かしきヒロイズムに喝采を送つてゐる時代」（新居格前掲『生活の錆』）と言ったり、またその「序文」で流行や時流に合わせた派手で大袈裟な表現を嫌い、「わたしは偽装のない表現がとれてゐればそれで足りる」とも言ったりしている。

その行き着いたのが戦前最後の二つの著作、『新女大学』と『心の日曜日』であった。新居は執筆姿勢では最後まで一貫しているのである。

『新女大学』は、実はもう一つ問題を含んでいた。この時期に至っても女性問題に触れることは、新居にとっては思想的検閲等でそれ程大きな問題にはならなかった。女性問題では女性にあまり自由や権利を保障することは、必ずしも認められなかった。その点に注意すればよかった。新居にはその方が思想的検閲よりも楽なことであった。その点は、『新しき倫理』（金鈴社、一九四二年）の女性問題の扱いをみれば明らかである。女性を扱った点で、新居にはもう一冊『女性点描』（南光社、一九三四年）があるが、この点も同様であった。

『女性点描』では、多少遠慮しつつ自らをフェミニストと名乗っている。その延長で『新女大学』でも同様の視点を貫いている。しかし、それ程強いものではない。根底にはフェミニストの面を強く有しつつ、外に出るものは女性に対する注文の方が多かったのである。

『新女大学』では、彼の扱う女性問題を「戦時下の女大学」（同書「自序」）で扱うものと言いつつ、戦時下に相応しい勇ましい女性論とは遠い内容・主張である。文部省が発表した「母の先陣訓」には、その重要性や意義についてはもっともらしく持ち上げつつも、同時に必要な説明に欠けていたり、かゆい所に手が届いていなかったりしていると批判も遠慮なく行っている。

お上から女性の生活にも科学性が大切と主張されると、現実は決して甘いものではなく、日常生活が意外に科学性と関係なく行われていることも指摘する。また戦時下流行の「人的資源論」や「生めや殖やせよ」の宣伝に対しても、必ずしも納得していない。その気持ちを隠さず、批判も加えている。

このように、同書では女性問題についても国や軍部の指導や見解だからと、素直に乗ることはしない。必ず巧妙にケチをつけたり、煙に巻くように批判を加えたりする。それも、戦時下における彼の自己防衛の配慮と言うべきものであろう。

(2) 戦前最後の反省

戦前最後の著作『心の日曜日』(一九四三年)では、その「自序」で、新居は自らを「狭小な生活しか持たぬ者」「視野も遺憾ながらひろくない」者、その「偉大な要素の砕片さへ持たぬ人間」とあえて卑下し、同書をそういった自分の「反省の結晶」と言っている。いかにも新居らしいいつもの語り口である。

それでいて、ただ低く構えるだけではなく、抑えながらも時代に抗する気持・姿勢は巧みに盛り込んでいる。『心の日曜日』がその例である。ただお上の言うままに、日曜日・祝日もなく、ただひたすら働くことで国に尽くすというのではなく、せめて心にだけでも日曜日・祝日を持とうと切り返すのは、そう簡単にできることではない。

最後の著作を「『心の日曜日』と題したのは、反省は心の余裕ともいへるからで、今日のやうな時代こそ、人々は一方に於て冷静沈着である必要があると信じたからである」（「自序」）と言っているのも、冷静な姿勢をうかがわせるであろう。

あの狂乱のような軍国化・逆コースの時代に、従順・興奮、また自己喪失よりも、「冷静沈着」な判断、姿勢を訴えているのは、決して並みではない。実はそこに、彼は目立たない形で、人間や人間性を否定する戦争を正当化する時代・時流に呑み込まれず、むしろ静かに不満・抵抗の姿勢や自負を潜ませていた。その点では一貫していたのである。

その戦前最後の著書『心の日曜日』は、一九四三年も終盤に入った一〇月に、大京堂書店から出版された。簡易な表紙・造りながら、三一六頁に及ぶ厚さであった。戦時下の著作としては、たしかに前述の『心のひびき』などと同様に、「冷静沈着」で、むしろ異色である。興奮や熱狂状態とは遠い。人間が軽視される戦争への共感・埋没も、人々の生命が軽んじられ、犠牲にされる特攻・人間魚雷への賛美も、天皇の神格化も、さらに敵国への侮蔑や敵視も、訴えることがない。その意味で、戦局が悪化する太平洋戦争下の著作としては異常なくらい冷静・沈着である。

そのことはまた同書の目次を見てもうかがえる。「心の日曜日」「早春二月」「眠れぬ或る夜」「或る日曜日の散歩」「菜園」「疾患雑想」「散歩の哲学」「衣裳哲学」「友人に就いて」「金銭に就いて」「旅について」「孤独について」「平凡を悔いず」「居住の歴史」「無学懺悔」「空想についての」「庶民と文学者」「師の思ひ出」「建築の科学性」などの平凡な市民の日常、普通の暮らし・思考を基にした内容・文章が並ぶのである。戦争に多少関わるのは「時局と市井人」と「戦時下国民の課題」（目次は「戦争下国民の課題」）のみである。このように二篇のみ入れたのは、万一の当局の非難・攻撃にそなえ、戦争協力をしていますよ、と見せかける当局・官憲への証・証拠づくりのようなものであった。

もっとも、タイトルの基になった「心の日曜日」の章自体はごく短いエッセーである。ただ、それを全体のタイトルとし、しかも巻頭にもってきているように、新居としては最も重視した章である。私事や市井の出来事などについてのんびり語ってはいられない厳しい時代にも、せめて「心には日曜日」を持とうという姿勢・訴えこそ、人間・市民を人間扱いしない狂熱的な軍国熱・戦争熱に水を差す生き方・主張であり、新居の最も語り掛けたかったことである。しかも、他の章もほとんどが狂ったような軍国熱・戦争熱や天皇の神格化などをどこか遠くに追いやり、戦時下とはかけ離れた市井や個人レベルの関心や感慨を綴ったものである。

そのように、ここで忘れてならないことは、同書のタイトル自体にも狂ったような戦時の状況や体制への批判がこめられていたことである。「月月火水木金金」と土曜も日曜・休日もなく、自分も家族も犠牲にしても、休みなく働き、国・戦争に奉仕するあり方を称える御上の指導ぶりを皮肉るように、せめて心にだけでも日曜日を持とうという、見えない形で、心の中で時代に抵抗する心地よいタイトル・内容なのである。その上戦時下なのに、戦争にはほとんど触れず、自らは本や野菜の種子を買いに散歩に出かけ、読者にものんびりと散歩をするような生活スタイルを勧めたりしているのである。

日本にとって、戦局が悪化し、急速に追い詰められていた一九四三年一〇月発行の同書がこのように戦争熱を無視するかのようなタイトル、そして章や内容で埋められていたこと自体、普通ではなかった。新居ができるだけ時流や戦争と距離を置こうとしていたことが明らかである。戦争に背を向けたかのようなタイトルと内容を戦前最後の著作として残して、新居は東京を脱出し、伊豆山中に向かうことになる。

新居にとってほぼ唯一の収入源であった原稿料・印税をもたらす執筆の当時の状況について、新居は後に次のように回想する。

「生活に少しの余裕もない私は、依頼をうけると、それを書く資格のありやなしやをかへりみることもせず、たのまれる何でもを書いて来た。

わたし同様の境遇にゐたため、わたし同様に無理にも筆を執つて来られた人たちも少くないであらう。……

太平洋戦争中だけは、さすがのわたしも書かなかつた。書くこともしなかったが、誰からも、どこからも求められなかつたからだ。」（新居格『市井人の哲学』清流社、一九四七年）。

新居がここで言う「太平洋戦争中」というのは、まさにこの東京を脱出した一九四三年以降のことであろう。作家、評論家、文筆家など文士・文化人にとっては、聖戦、天皇の神格化、特攻・全滅などを賛美しない限り、執筆の機会、収入の確保は困難な時代になったのである。新居にとっては、明らかに異なる時代の到来を意味していた。新居とその家族たちは、伊豆の山中でそれに耐え、嵐の去るのをじっと待つ以外なかったのである。

(3) 東京脱出、伊豆山中に疎開

一九四三(昭和一八)年には、新居は執筆も講演も極端に制限されていた。その上、日常化する空襲によって身の危険も感じていた。そのため、著書『心の日曜日』を世に送り出すと、いよいよ自分にはもはや執筆の機会がほとんどないことを知った。残念なことであった。急ぎ家族で東京を脱出する以外に方法はなかった。向かった先は、静岡県の伊豆長岡の宗光寺であった。

当時は、空襲が広域化しており、東京とその周辺には、もう安全な土地や場所はなくなっていた。湘南や伊豆でも、海岸の港町は決して安全な場所ではなくなっていた。その点で、伊豆長岡は海岸からは比較的離れた山中に位置していた。その周辺には、東京の小学校などが学校ごと疎開している例も増えていた。

東京からはそう遠くないのに、比較的安全な山中のその土地を紹介してくれたのは、鳴門の小

学校以来の親友・天羽英二であった。天羽は経済面でも新居の協力者であった。伊豆の長岡の住職との話し合いも全て彼が取りまとめてくれた。この点は新居の大きな助け手であった。新居は、郷里の鳴門に帰ることも考えたのであるが、やはり住居や仕事でつながりの強い東京に近い土地に魅かれ、幼馴染の天羽の手を借りて伊豆の地を仮住まいに選んだのであった。

疎開の住まいは宗光寺で、伊豆長岡にあった。長岡は伊豆半島への入口の一つ、三島に近く、伊豆全体では北部に位置する。もっとも、伊豆でも東京には近い方の長岡の地であったと言っても、当時の連絡事情からすれば、疎開生活は東京とのつながり、また出版界とのつながりをほとんど絶つに等しかった。

その頃には、出版界は、新居の得意とする社会評論・思想論やありふれた日常生活のあれこれに関する原稿を受け入れる状況ではなかった。たしかに、それを超えて聖戦を讃え、天皇の神格化に強く同調する内容で原稿料なり印税なりを稼ぐ方法もあったが、新居はそれを意識して受け入れなかった。それが新居らしさであった。

すると、新規の収入は、既刊本の印税以外は期待できなくなった。しかも、その既刊本も戦時下に購入するものがどんどん減っていた。

このように、実質的には収入がゼロとなり、僅かの貯えを基にただ節倹に努めざるをえない生活になっていく。晴耕雨読、そして近隣の村民に支えられる生活の始まりであった。彼自身、「戦時中、山の中においこまれていて、わびしいあけくれを過ごし」（新居格前掲『杉並区長日記』）

た、と述懐したこともある生活である。どう見ても健康で、建設的な日々とは遠い生活であったが、戦争が終わるまでは仕方がなかったのである。

そこに、一九四四年一〇月、ますます戦局が悪化するなかで、長男・俊一の戦死という辛い訃報が新居家に追い打ちをかけるように届けられた。一九一〇年九月二〇日生まれの三四歳で、まさにこれからという時であった。しかも、出征直前の一九四二年五月に、婚儀を整え、妻・紗都子を残しての出征、そして戦死であった。戦争という市民には何の益もない人間が殺し合い、壊し合う非人間的な政策は、多くの市民に計り知れない不幸をもたらしたが、新居と家族にとっても例外ではなかったのである。

伊豆に引きこもってから二年近く経過して、漸く戦争は終わった。これ以上戦争が長引けば、生活の窮迫はさらにひどい状態になるところであった。一般市民にとっては、勝ち負けよりも戦争が終わったということに意味があった。勝ち負けは軍や政治家の視点・関心事であって、新居にとっても一般市民にとっても、人間が殺し合う戦争、空襲などで身の危険を避けえなかった戦争の勝ち負けなどはどうでもよく、ただ戦争が終わったということが大事なのであった。

新居はほどなく伊豆に別れを告げ、上京する。時代が新しく変わったことで、やりたいことがいろいろあった。生活の立て直しと言論・執筆活動の再開がまず必要であったが、加えて生活協同組合運動の再開、作家や文筆家仲間の組織化、拠点とする小地域の民主化とまちづくり・暮らしづくり等への挑戦も視界にあった。

その先に新しい社会・新しい世界も実現できるような気がしてきた。ともかく全国に向けた発信源となる東京に出てみようと、上京を考える。

東京に出てみると、一面焼け野原であった。焼け跡・瓦解、そして混乱・混迷の中にも、出版界・言論界からは、建設的・積極的なうごめきが感じとれた。新居は、かつてのように評論家的にものを言い、執筆するだけではなく、過去の反省の下に、改革や理想を視界に入れ、それに立ち向かう実践や挑戦の意気もみなぎらせていた。

新居にとっては、全く新しい空気が漂っていた。これまでになく理想、変革、新しさといったものが視野に入り、訴え、行動することのできる時代と状況の到来が見られたのである。まさに新居にとっては、日常生活・市民生活の向上・改善、自治や行政のあり方の抜本的改革、さらに新社会の実現に向かう数々の挑戦が、問われる時代の到来に思えた。ここで起たなくていつ起つのか、といった、かつてない前向きの高揚した姿勢に、新居はなっていく。

第五章　太平洋戦争の終焉と新居格の戦後の挑戦

1　敗戦と新居格の活動の再開――革命の足音が聞こえる

(1)　今こそ改革・革命のとき――もう一つの新時代の到来

新居格が一家とともに伊豆に引きこもってから、戦局は悪化する一方であった。近くの湘南の海辺のまちまで空襲に見舞われるほどであり、伊豆の山中といえども、三島や沼津に近い長岡では必ずしも安全とは言えない状況であった。

新居周辺から見る限り、日本の将来には明るい見通しは全く立たなかった。当然、収入を得る活動や前向きの計画を立てても、明るい前向きの将来像・可能性は見えてこなかった。もともと定期収入・固定した安定収入がなく、原稿料・印税を当てにする生活では、贅沢が出来ないだけではなく、極めて不安定であった。確実な定期収入のある勤め人には全く理解できないことである。

伊豆に移ってからも、新居の一家は地元の農家の人たちや幼馴染みと言ってよい小学校時代の友人たちの応援で、危機には遭遇するものの、何とか破綻・泥沼に陥らずに堪えていた。ただ戦争が終わるのをじっと待つだけであった。

そんな不安・不安定な生活を二年近く経験した一九四五年八月一五日、ようやく戦争が終わった。新居は五八歳になっていた。当時でいえば、ほぼ一般的な定年年齢を過ぎており、人生の最終の締め・まとめを行う段階であった。

新居はともかくホッとした。生活を楽しむどころか、まともな暮らしができない上、人間が殺し合い、破壊しあう戦争、若者が無駄に生命を落とすことを強いられる戦争が終わったことに、何とも言えない安堵感、安心感が心の底から湧きあがって来た。じっと待ち望んでいたことであった。実際に、新規の収入もなく、生活も危機に瀕していた。村人の応援・世話に甘えるのも限界に来ていた。そこに、新居には勝ち負けに関係なく戦争が終わったという朗報が届いたのである。

いよいよ新居にとっては、もう一つの新しい時代の始まりであった。関東大震災を機にした、朝日新聞社の解雇と自立の生活の始まりが、新居にとっては最初の大きな転機であり、新しい出発であった。黙っていても入ってくる定期的収入の終わりであり、生活が全く変わるのである。

それに対して、この時の敗戦に伴う再出発は、もう一つの新しい時代の到来であり、出発であった。もちろん、もはや定期収入は当てにできない。それでいて、前と違って何となく希望が持て、大きな改革の挑戦もできそうな新時代の到来に思えた。好きなこと、やりたいことが自由に計画でき、言動も自由に行えるだけでなく、社会のあり方としても、夢や改革に挑戦できそうな気もしてきた。実際に、新居は人生最後の闘いと言わんばかりに大胆に挑戦を試みだす。

新居という人は、必要以上に目立つ言動、大袈裟な振舞いは好きではなかった。むしろそういったことは性に合わず、意識して避けてきた。しかし、それでいて、ただ逃げること、抵抗をすべてあきらめることにも与《くみ》しなかった。ことに今度の戦後は、時代が大きく変わったように思えた。

戦時下のように規制・抑圧・弾圧の厳しい時にも、新居は発言の場がある限り、完全に押し黙ったり、言いなりになりきったりすることはしなかった。ダンスホールの閉鎖も上からの場合には反対し、またカフェなどの楽しみも、守ろうとした。趣味に渡ることでも、戦時下であれ、守るべきは守ろうとした。言論の自由を守ることでも、真正面からの抵抗は難しかったが、煙に巻くように巧妙に自説を表明したり、また時流に対して、僅かであれ、納得しない気持・姿勢を示したりすることは忘れなかった。

戦時下の新居の著作を見ても、聖戦を美化したり、悪化する戦局に大声で支援を送ったりする代わりに、むしろそれらを無視するように距離をおいて、戦争・戦場とは遠い市井の市民の日々のありふれた暮らしや言動に主たる関心を向けることをした。

そんな生き方だったので、上からの一方的な情報に自己を見失うこともなく、自爆攻撃、特攻、全滅作戦などには出来る限り共感の声を上げず、必ず市民が自由にものを言え、立ち上がれるチャンスがやってくると、じっと耐えていた。

戦後、多くの評論家、作家ら著名な文化人・文士たちは、積極的な戦争協力の故に直ちには活動の場には戻れなかったり、公職の追放にあったりする。何らかの自己批判や反省の証のようなもの無しには活動の再開が難しい状況であった。丸山眞男の言う「悔恨共同体」状況の形成である。

そんな中で、新居は「悔恨共同体」状況に巻き込まれることはほとんどなかった。実際に、特別の悔恨も、ためらいもなく、戦後すぐに復活し、第一線で活動できた。新居は、自身を「いかなる意味でもの追放に該当しない」(新居格『杉並区長日記』虹霓社、二〇一七年)と、確信を持って言いきっている。実際に、戦争協力を強いられた戦時下にも、狂乱のように叫びまわる大本営発表にも、官憲の指導・命令にも、距離を置いて飲み込まれない言動や生き方を心掛けた。決して上からの言葉をそのまま使用することはなかったのである。

もちろん最低限度の協力はした。そうしなければ生きていくことはできなかった。そんな時代状況は認めざるをえなかったが、そこにとどまり、それ以上のことは口にしなかった。大袈裟な戦争協力は行わなかった。その意味では、戦争協力は極めて小さく、相手の大袈裟な口車に乗ることはなかったのである。

しかるに、そのような苦々しい時代が終わり、新しい時代が到来した。新居は、これまでとは違い、自らにとっても最後の挑戦とばかりに、人生において初めて目立つ動き、見方によっては表面に躍り出る動きをみせる。彼は、それぞれの市民が自らの自由、自らの楽しみを享受するだけでなく、戦後の自由な時代の到来を、変革、もしかすると革命が可能な状況の到来かも知れないとも見たのである。

実際に、新居は目立たない形にではあるが、革命、特に文化革命まで口にした。改革や革命が可能になるかもしれない、もしかすると本当の覚悟が必要かもしれない、もしそうならその時を逃してはならない、と受け止めさえしたのである。

新居は、以前から学者・研究者志向が強かっただけに、オリジナルなもの、改革を心がける気性といったものを常に持ち続けていた。特にこの戦争直後には、新しいもの、オリジナルなもの、また改革・革命を求める気性が強く働いた。

彼は言う。「われわれはいつまでも、先人の思想を模写してゐてはいけない。接受と咀嚼とは必要だが、創造にたいする文化の思索は一刻も懈怠してはならない。」（新居格前掲「日本文化の革命」『市井人の哲学』一九四七年）。この戦後すぐの時期に、新居が改革や革命、オリジナルなものの必要、またその可能性を強く認識したことはない。周りでも、そんな新居に期待する動きが目立ちだす。

（2）改革を目指す新居格の具体的な活動

新居は、「悪指導者によつて戦争に狩り立てられた、民衆」は、戦争が終わったものの、飢餓の危機にさらされていると感じた。たしかに戦争は終わったものの、民衆は食うに足るものを持たぬ者が少なくなかったのである。新居は過去を振り返ると、「日本人は人間であるより前に精神上の奴隷であつた」。「日本人の思考に於いて最も欠如してゐる点は、人間思想にあつたと思ふ。何よりも先づ人間でなければならないのに、この人間性を他の観念に隷属せしめた。」（新居格前掲「自序」『人間復興』)。全くその通りであると、新居は思った。人間を人間として見る視点がなかったのである。

ここに日本の犯した根本的の誤謬があつた。「日本の悲劇の発生因由はそこに在つた」。人間性を無視し、人間を人間とも思わなくなった政治家、官僚、軍人の、人間が人間を殺し合う戦争賛美の声に何も言えなくなったのである。それに対して、新居は、今進行中の「民主主義とは、人間復興に外ならぬ」(同上)と反省する。新居は、その本質をよく受け止め、真の民主主義を、小地域、具体的には小さな区・村から打ち立てなおさねばならないと考えた。その自覚から、小地域での生活協同組合運動、また区政改革運動の先導者として、特に協同の理念・精神を運動、そして変革の原則の位置において活動するのである。

新居としては、新しい時代の到来に、自らの生活もかかっているので、焼け跡、廃墟、混迷の中にも、まず出版社や編集者たちと連絡を取りだした。出版社も編集者たちも、好機到来と積極的に動き出そうとしていた。新しい企画や編集に取り組んでいた。新しい雑誌も編集されだしていた。

それが分かると、彼は生活の安定追求を超えて、社会の改革、時としては革命に目を向けだした。ただ待つだけではなく、自ら進んで動き出した。戦後となった今、「言論に於ける遠慮若《も》しくは抑制は、無用である許りか、罪悪でさへある」(新居格前掲『人間復興』)と受け止め、従来になく、積極的に動き出した。

その点で、新居は最後まで理想社会・ユートピアの到来をあきらめない人であった。戦後すぐの混乱、疲弊、生活危機は尋常ではなく、ほとんどの社会主義者・アナキストにとっては、理想社会・ユートピアを夢見るどころではなかった。日々の生活が精一杯だった。その点では、新居としても、ほぼ同様であった。

しかし、新居はそこにとどまることをしなかった。戦後のかつてない新しい動向に、改革・変革、さらに革命に続く動きもやってくるかもしれないと、ひそかに思い続けた。改めて自分の頭にあるユートピア社会も描き直してみた。もしかして、その入り口位には入れるかもしれないと思うこともあった。

新居が最期まで心の片隅に理想社会の夢、そしてその現実化を思い描き続けたこと、その可能性・現実化の夢を失わなかったことは、社会思想家・運動家としては珍しい。実際に、戦後すぐの時期にはそう思ったことは間違いない。

健康を損ない、区長・区役所は改革・変革の拠点にはならないことが分かって、区長を辞任する頃には、当面革命的情勢が現出するのは困難と気づくのであるが、一時は僅かであれ、理想社会への期待を持ったことは間違いない。この点は特に重要である。

(3) いろいろの誘い

同じ頃、新居格が戦前は関わろうとしなかった政治の世界からも、いろいろの誘いや声がかかった。衆議院議員、参議院議員、都知事などの声もかかった。確かにアナキストが政治に関心がないことを忘れているような者もいた。それだけ政治が労働者にとっても変わろうとしているのであった。人が好く優柔不断のところがある新居は、断り切れず、話に乗りかかりそうになることもあった。

しかし、そんなことはどうでもよいことであった。アナキストのある者は戦前と全く変わらず、政治を受け入れようとしなかった。政党は代議制体のままで労働者を代表とせず、あくまで労働者を利用するに過ぎないものであった。多くのアナキストはそのような戦前のままの態度を変えようとはしなかったのである。

それに対して、新居は相当柔軟に変わろうとしていた。政治についても、また政党についても、見方を少なからず変えようとしていた。それだけ時代が変わろうとしているのであった。

ただ、新居の場合、戦後の新時代に同志や同好の仲間たちと連携したり、新時代の実現に向けて新憲法や天皇制をどうするかといった、国家的・体制的議論の輪には普通は入らなかった。あくまで一市民として市民レベルの生活や問題、また彼等の視点や関心に注意を向けたのであった。国家・権力志向ではなく、また政治・政党の問題ではなく、足下の市民本位の改革であり、挑戦であった。そこにこそ、新居の関心もあった。

まず彼は自ら筆を執ること、そしてその権利や自由を護ることを心掛けた。たんに生きる生活のみでなく、ペン・クラブや作家・文芸家の協会を組織すること、さらには市民の生活を守る生活協同組合運動を展開することが課題となった。あくまでも自分の生活と結びつくものであった。実際に、新居はそれらに向かって動き出す。先頭に立って組織づくり、そして実践にも乗り出した。

あわせて、編集・執筆の方もすぐに反応があり、多様な雑誌・機関誌から原稿執筆の依頼が相ついでやってきた。中には編集を依頼するものもいた。ジャーナリズムも諸雑誌も、新しい時代の到来で、活気に満ちてきたのである。

新居が寄稿した雑誌では、『光』『生活文化』『世界文化』『太平』『輿論科学』『新樹』『東西』『蛍雪時代』『大衆文芸』『人物評論』等が早いほうであった。しかも、その多くは戦後新たに企画されたものであった。『輿論科学』や『新樹』のように時間が十分になく、依頼に応えるためにその場しのぎの原稿もあった。その後、戦後新たに引き続き、間を置かず『自由文化』『女性公論』『朝』『婦人朝日』『傳記』『レポート別冊』『塔』『人間』『新女苑』『新潮』等に執筆する。

新居の場合、特に創刊号に声のかかることが多かったのが留意されてよい。それは戦前からそうであったのだが、戦後になると、それがさらに目立った。それだけ、期待も大きかったことが言える。戦後すぐの自由になった出版界や編集者からは、新居は期待されていたということである。

中でも、『生活文化』には一九四六年一月の創刊以来、しばらくほぼ毎号執筆や座談会に参加した。また『人物評論』にも、毎号ではないが、第三号（一九四六年三月）以降比較的多く顔を出している。
この戦後すぐの期間に、生活を支えるためにも、雑誌などに積極的に寄稿するだけではなく、著書・翻訳書も相次いで刊行したり、戦前に発行済みの著作の再刊も行ったりした。需要もあり、収入にも結び付くからであった。早いものでは、『人間復興』（玄同社、一九四六年）、『新女性教養読本』（編著、協和出版社、一九四六年）を先頭に、『民主的な理想農村』（文化農業協会、一九四七年）、『心の暦日』（川崎出版社、一九四七年）、『市井人の哲学』（清流社、一九四七年）などが続く。タイトルは戦前同様に売らんかなの姿勢に立つ流行を追うものや派手なものではなく、足を地に着けた市民が日常生活で日々触れるような穏やかなものであった。その点では、戦前と変わらなかった。

その後、カール・フリードリッヒ『未来の旗』（大泉書店、一九四八年）、パール・バック『龍子』（労働文化社、一九五〇年）などの翻訳の再刊あるいは新刊も続く。

新居にとっては、原稿料や印税で生活の糧が継続的に得られる時代が戻ってきたのである。もちろん、それだけでは、より良い生活を安定的に維持することはできなかった。その点は、戦前と同様に雇われの身でないものの、不安定な暮らしは続くのである。

にもかかわらず、戦後、新居は机に向かって筆をとるだけではなく、組織的・社会的な活動・運動にも目立って関わるようになる。明らかに戦前のあり方を反省・修正するかのように、また新しい時代の到来をしっかり受け止め、活かすかのように、自分一個を超えてみんなで協力しながら取り組む組織的活動にも力を入れだす。そこには、新しい時代の可能性、またその運動家、さらには新しいタイプのリーダーになる責任を自覚する一面もうかがわせた。

ただし、あくまでも市民レベルの視点、市民レベルの問題やつながりに関わる対応であった。新憲法や民主的な議会活動など政府や国家・体制レベルの問題にも踏み込んで、日本国の再興をどうするかなどという活動には積極的に関わるわけではなかった。あくまでも市民の生活レベルの視点や課題からの市民派の挑戦であった。

このように、一九五〇年代にさしかかっていた戦後すぐのわずか五年ほどであったが、新居は大いに活動する。病弱の身で生き急ぐように、市民レベルの視野や領域であれにもこれにも関わり、挑戦する。

戦後すぐの活動で大きなものは、まず生活協同組合運動、ついで日本文芸家協会と日本ペン・クラブのような作家・文化人の組織化、さらに市民のより良い暮らしやまちづくり、そして将来社会づくりに関わる区の自治や行政への参加などの取り組みであった。新居にあっては、本格的な改革も革命も、上からではなく、先ず足下・身近な周辺から実行するものと言う信念の実践であった。

その他、戦前とは違って、自由を謳歌するように公益性の高い団体の役職に就いたり、全国各地に講演・講義で動き回ったりもする。またダンスホール、喫茶店・コーヒー、レストラン、カクテル、それらと共に若者と交流・歓談することも大好きだった。特に若い女性には人気があった。

そんな新居を政界も見逃すはずはなかった。特に人材の乏しい野党的政党、新興の政党からはよく声がかかった。参議院議員などへの立候補であった。気のいい、新居は断り切れず、簡単に誘いに乗りかけることがあった。ところが、すでに関係している生活協同組合などから理念や路線が違うとクレームが入って元に戻ったりすることもあった。

しかし、杉並区長選挙には、自らも積極的に立候補する動きを見せた。曖昧な態度はとらなかった。むしろ立候補に反対する慎重派に、この変革的・革新的状況の到来を前に、挑戦しなくていつ挑戦するのか、と強く反発し、積極的に立候補に乗り出すほどであった。

そのように、戦後の新居は、自分だけの自由な殻の中に閉じこもるのではなく、より広範な視界で、地域や社会全体を見渡すように対応しだした。戦後すぐに生活協同組合、文士・評論家など文化人の組織化をすすめ、さらに地元でもある杉並区政にも参加、挑戦する。

かつてない積極的な姿勢で、いろいろの活動に挑戦したところで、生涯を閉じることになった。日本文芸家協会や日本ペン・クラブのように多くの協力者・同志がいて、組織化と活動を軌道に乗せることのできたものもあるが、地方自治・地方行政への取り組みはまだ中道であった。簡単に思えた式典・行事や委員会の後の会食・飲み会の廃止さえ強い抵抗にあった。ましてや多すぎる議員定数の削減などは厳しい抵抗にあった。新居の考える市民本位の自治・行政、あるいはまちづくりは、むしろ遠くなっていく。

この戦後の自由な時代の到来に、新居は、どうなるか見通しも立たない市民の暮らしやまちづくり、地方自治や区政の改革を含め、あれにもこれにも手を出した感がある。だが、それは古い既成の枠・考えにとらわれない新居らしい考え方・生き方ともいえた。新居にとっては、思い通りにいかない結果や失敗を恐れるより、新時代の到来にもかかわらず、何もしないこと、挑戦しないことの方が許せなかったのである。

区長を降板するまでの戦後の二、三年、また亡くなるまでの五年ちょっとの間、短い期間ではあったが、新居にとっては、言いたいことを自由に言い、やりたいことにも実際に関わり、むしろ痛快で、納得できる時代であったともいえよう。

(4) 文化人の反省と戦後の責任

新居は戦争体制が破綻し、新しい時代が到来したのを見て、何事かをなさないわけにはいかないと考えた。東京はじめ、まちまちの焼け跡や崩壊や混迷。その背後には三百万人を超える死者が累々と積み上げられていた。

新居にとっては、まずは生きること、生活費を稼ぐことで精一杯であったが、それだけではすまないと思った。新居は文化人などと言う表現も存在も好きではなかったが、世間一般から見れば、自分も文化人の範疇に入れられることは否定できなかった。特にその自分たち文化人が戦時下に戦争の阻止に何もできなかっただけでなく、戦争に加担するものさえ多く出たことは残念に堪えないことであった。

繰り返すように、新居は、自らは軍国化・天皇の神格化の嵐のような逆流に飲み込まれ、聖戦に積極的に加担するようなことはしなかった。収入源であった執筆活動でも、時代状況を受け入れる姿勢は見せつつも、激越化する政府、軍部、大本営などの聖戦遂行、人間否定の姿勢に呼応することはしなかった。

むしろ、それに抵抗するように、戦争とは遠く、戦争の犠牲になってきた市井の市民の暮らしに寄り添い、穏やかに、暖かく目を向けてきた。筆を執る以上、戦時体制は認めざるを得なかったが、そこに留まっていた。それ以上は入り込もうとはしなかった。自らを市井人・まちの人と呼び、そこでの生活を大切にしようとした。そこにこそ、ほとんど死にかけていた民主主義の残骸が残っていた。人間の心が覗ける民主主義の陽炎が僅かに残っていた。

戦後に至っても、新居は、文化や文化人も論じた『市井人の哲学』（清流社、一九四七年）の「自序」でも、「わたしは自分が平凡であることを十分に認めてゐる。そしてそれを誇りとはしないが、さりとて恥とは断じて思つてはゐない」と、変わらず自らを市井人と自認している。その上で、文化を担う文化人の一面も否定できず，自らもかかわる文化人の役割について考えなおす。

彼は言う。「文化人の何よりの義務は、真理に奉仕することなのである。平和を愛し、正しい愛国心を明徴することであるのだ」。そして戦後復興の土台となるべき、心の通った、人間らしい民主主義を復興することであった。その点では、あの戦時下に、あるいは戦争の開始前に、戦争反対の声が弱かったこと、モノが自由に言えるように民主主義を守るべきなのに、それが出来なかったことをまず反省せざるをえなかった。
「日露戦争のとき内村鑑三、安部磯雄、幸徳秋水等は、完全として非戦論を唱えた。しかるに、第二次世界大戦の際には、ニッポンの文化人は、緘黙して誰ひとり非戦論を叫ばなかつた」。気づいたころには「反対の余地がないほど、密偵政治は行きとどいてゐた」（同上）のであった。
にもかかわらず、新居は日本の文化人の弱さ、無責任さを批判せざるを得なかった。己も顧みつつ、文化人には厳しい目を向けた。膨大な若者の無駄な死、まちまちの破壊・崩壊を見るだけでも、厳しい目を向けざるを得なかった。ただし、個人の転向には特に言及しなかった。

「真実に奉仕すべき文化人が、虚偽心と不正とに、積極的でないまでも、消極的にでも加担させられたのは、恐るべき過失であつた。積極的に加担したものの罪科に至つては、甚だ深いものがある。」（新居格前掲『市井人の哲学』）。

このように、文化人は「平和的文化国家」の建設に寄与しなくてはならないと考えた新居は、訴えるだけでなく自らも実践に向けて動きだした。周りの者も驚くほどの行動力であった。それが戦時下に、戦争協力には完全にのみ込まれなかったものの、戦争を阻止できなかったことへの反省の証しであった。明らかに、それまでの思想にも主義にもこだわらず、それを超えた生き方、行動の追求であった。

「運命をもつて、性格をもつて、民主主義的文化への逞しい参画をするのでなければならぬ。無性格な、恒心を欠いた、肉体のない文化革命に、見るべき業績のないのはいふまでもない」と言う。さらに、それには「真理の絶対的探究による誠実、真摯そのものと、規模の広さと徹底の深度とが日本文化革命の根本条件である」（新居格前掲『市井人の哲学』）と、組織やその深く強い追求が必要であるとしたのである。

その先に動き出したのが、生活協同組合運動であり、日本ペン・クラブなど作家・文化人の組織化であり、また区長への立候補と地方行政・自治への参加と改革への挑戦であった。言動の姿勢、スケール、内容とも、かつてとは違っていた。従来の自らの思想や考え方や行動を超える勢いであった。結局、健康を損なうほどの生活となり、生き急ぐように新しい挑戦に立ち向かうのである。

(5) ユートピアの夢

新居格のようなユートピアンが戦後の大激動・大変革の時代に、従来にない全く新しい改革を考えたり、そこに革命を交錯させたりしたとしても不思議ではない。そこが並みの市井人や文化人と異なる点であった。

実際に、新居は、生活協同組合を再建する時、また大決断が必要であった区長への立候補や区政・自治を担う時、従来にない新鮮なものを感じ取った。その際の生活協同組合やまちづくりの構想に、ユートピアや革命の芽やうごめきを感じとることもあったのである。

そのような理想の村や街の実現を僅かであれ、夢見られたからこそ、戦後すぐに生活協同組合を復活させたり、区長選にも進んで立候補したりしたのである。夢も理想もなく、ただ目先の危機・困難の乗り切りのためだけに動いたのではなかった。新居なりに大きな夢や期待をもてたからこそ、いろいろの実践と挑戦にもあえて乗り出したのである。

生活協同組合を再建する直接のきっかけは、たしかに自らも含む市民の食生活の危機であった。国・自治体に頼れないので、自らの生活は自らの力で護る以外はないと、実行したものであった。消費組合や購買組合のあり方を生活協同組合方式に改革したのも、そのような理由からであった。

実は新居には、生活協同組合運動にはそれを超えて、改革や革命の基礎・土台にできたらという夢もあった。スウェーデンの協同組合国家の理念にならったものである。「私たちの居住区を組合区にしてみたい、と思った。碁盤の全面に隙間もなく布石するように、地区全面に生活協同組合を布石して、それを連合体に盛り上げ、そうすることによって完全な組合区にしたいというのが、私の一つのユートピアだった。ある意味からすると、私はそれを実現したいがために、あえて首長になったと言えるかもしれないのだ」（新居格「ユートピアを幻滅すること」『杉並区長日記　地方自治の先駆者新居格』虹霓社）とまで言っているのである。

留意すべきことに、新居は戦後すぐにユートピア的な論稿をいくつか書いている。「理想郷への旅」（新居格前掲『人間復興』）、「ユートピアを幻滅すること」（新居格前掲『杉並区長日記』）などであるが、大沢正道もこの中に新居の戦後すぐの「世界の村」との関わりについて書いている（大沢正道「新居格と『世界の村』のことなど」新居格前掲『杉並区長日記』）。

その中でも「理想郷への旅」は、新居のまちづくり理論にも、ユートピアづくりにも、つながるものである。新居は、無何有郷《むかゆうきょう》のノーホヘア博士から、その理想郷の国に招待される。そこで理想郷のまち、社会、暮らしぶりを体験するが、その有様を紹介するストーリーなのである。

その理想郷では、ヒコーキも電車も利用は無料である。通行税などもない。しかも、それらは単なる有機体の施設・器具ではなく、美しく飾られ、盛花をした花籠が移動するように動く。さらにヒコーキからは轟音、また電車からは轢音・騒音もなくなっている。自然や環境と調和しているのである。

その理想郷はまち全体が公園で、道路はひろく、その道路には樹木や花壇が埋め尽くされている。しかも、この時代に「私どもの無何有郷では目下路面エスカレーターの工事が着々と進行」中なのであった。

言論は絶対自由。首相や大臣など「封建的」な名称は不要となっている。代議制度はなく、各分野・領域から代表が出る協議会が一人一人の市民と共に政治・行政・自治を担っている。中間搾取的な商業システムや営利の理念も無用化している。

しかも、「苟《いやしく》も、詩のエスプリのない言葉、つまり、香気のない言葉を使ふことは罪悪となつてゐますから、汚ない文句や言葉を用ゐて言論する人達は一人もないですよ。それにわたしの国には嘘を吐くものは絶対にありません」。汚い言葉を使うことも、嘘を吐くことも、まったく必要がないのである。

新居は、戦後すぐにこんな理想郷を訪問する物語を書いているのである。それは単なるはるか遠い時代の夢物語としてではなく、戦争直後の目前に展開する動向に従来にない大規模な改革や革命もありうるのではないか、という期待が込められていた。そしてその期待が現実化したときのために、自分の描く理想社会の姿・像を描いてみたのである。新居の戦争直後の行動・挑戦を考える場合、このユートピア論を忘れては語れないであろう。

それに、もう一つ女性問題への新居の関心を忘れることは出来ない。戦後ほどなく刊行された新居の著作も女性問題に関わるものである。

2　生活協同組合運動の再開

戦後、自由な言論と出版状況がある程度実現したことで、新居も動きやすくなった。そうでなくても、家族の生活を守るためには、もう限界で、これ以上待てなかった。だから、じっとしていることはできなかった。ともかく動き始めた。

明らかに新居にとっても良好な風が吹き始めたのである。しかも、単に目先の自らの生活危機の克服を超えて、さらに大きな動きの到来やその現実化の可能性にも期待する気持にもなってきた。

するると、次には自分を守るだけではなく、地域や社会、そして市民のためにも動かざるをえなくなっていく。もう市民の生活も限界であった。飢餓が迫っていたのである。

まず、一九四六年の「米よこせ」運動に連なる食糧メーデーに象徴されるように、厳しい貧窮や不安定の中に置かれた市民の暮しを前に、新居は以前の同志たちと否応なく消費組合運動を再開する。さらに、それを拡充する生活協同組合運動を展開する。全国的にも、賀川豊彦らを先頭に、生活協同組合運動が復活、拡大基調にあった。

新居は、戦時下にも生活協同組合の必要性の認識と実践する情熱は失わなかったが、現実には活動は無理であった。戦前から引き続く西郊消費組合にしても、解散とか閉鎖という手続きはとらなかった。しかし、戦時下の物資不足や配給機構の設立によって生活協同組合の自由な活動は現実的に困難になっていた（新居格「協同組合の諸問題」『自由文化』創刊号、一九四六年六月）。

ただ、生活協同組合運動は、戦前の自らが関わった活動では成果が上がった一つと受け止めていたので、戦後になっても、市民の厳しい暮らしを目の前に見て、すぐに協同組合運動に取り組み直す。新居は「今日協同組合運動を召喚したのは切迫した生活の現実である」（新居格前掲「協同組合の理想と現実」『人間復興』）と記している。

そこで、新居たちは全く新規に始めるよりも、戦前の実績を引き継ぐ形で西郊消費組合の再出発という方法で戦後ほどなく動き出す。新居らしく足下や周辺の小地域での住民による組織化・

活動から手掛けることになった。新居は、その理事長に指名される。その標語は「消費組合で地球を包め」（新居格前掲『人間復興』）であった。組合員が下から自発的につくり上げた標語であったが、戦後の混乱・混迷期によくこのような発想が出てきたものである。

西郊消費組合は産業組合法に則る購買組合で、小さな組合であった。従来からの足下や周辺のお互いに知り合い同士に近い身近なところから組織化を始める新居の理念に沿うものであった。ただ、戦前のままでは、生活の安定や安全の総合的対応が必要になっている戦後の新しい時代の市民生活のニーズ・保障に応えることは困難であった。

新居は、それに応えるには、消費組合から生活協同組合に転換する以外にないと考えた。しかも、地域を積み上げて規模を大きくすることも必要であった。そこに現実に市民の苦しい生活を支えるにはさらに多様な機能の付加も必要であった。

そのため、二〇数団体を結集して、東京西部生活協同組合連合会を結成する。基礎はそれぞれの小地域を足場にしながら、連携して力を積み上げることで、より安定した連合組織にしたのである。西郊消費組合の連合会への発展は、戦後すぐであったが、そこでも、新居は中心人物の一人であった。

その後も、さらに規模の拡充の必要が実感されたほどであった。「わたしは、東京西部生活協同組合連合会に所属するものだが、東京東部、南部、北部といったものだが、それぞれに成立し、それらがさらに連結して、東京都の連合会が結成することを期待する」（新居格前掲『人間復興』）

と言っていた。そこには、杉並区など既存の区・自治のあり方を生活協同組合区方式に変えて行く発想があった。行政・政治・自治のあり方を生活協同組合の理念や方法に転換する改革である。

この消費組合や購買組合から「協力乃至協同する意味」（新居格前掲『人間復興』）の協同組合に名称を変えること、そしてその理念に沿いつつ、より大きな力を発揮できるように、小組合を連合して大きな力で活動を展開すること、さらには生活協同組合区への発展が戦後の新しいあり方・動きを特徴づけていた。新居もその流れを受け止め、繰り返し、その必要性を認めている（新居格前掲「協同組合の諸問題」）。戦前のように、産業組合法の購買組合に沿う消費組合的活動のみでは、狭すぎて、生活の多様なニーズ・保障に対応する必要のある新時代には合わなくなったというのである。

例えば、食糧難の危機を打開するために、消費組合を超える必要があった。生産組合の必要、隠匿物資の摘発（人民検察隊の設置）、軍用地等不要になった土地の耕作化・菜園化、製粉活動、食品の製造、住宅建築、入浴サービス、貸本、講演などの知的・文化的サービスといった広範で多様なニーズに応える必要があったのである（新居格前掲「協同組合の諸問題」）。

しかも、そのような厳しい状況下に、新居は小規模の消費組合が分立・雑居するよりも、それらが連合や合併し、力を結集する方向で新しい時代に対応する必要も考え、それを実践した。

そのように、上からの指導によってではなく、下からの対応として組合員が生活や協同組合活動の必要から組合活動をどんどん拡充し、新しい展開を見せる動きに、新居は、革命がうごめきだしているのではないかと思うこともあった。「暴動と革命とが混在し、併起することもある。革命が革命としてだけに進行する場合もある。無血革命と呼ばれている日本民主主義革命がそれだ。暴動に革命が続起することもある。……日本は革命が無血のうちに進行してゐる。革命が進行しつつあるのに、しかも比較的安静のうちに進みつつあるとき、それに暴動をわざわざ追加させる必要はない」（新居格前掲「協同組合の理想と現実」）とまで言っているのである。

それに合わせて、区政への参加も、生活協同組合の理念や方法も、やってくる社会変革の土台や足場にもなりうるとも考えていた。

なお、この消費組合、そして生活協同組合には、戦前底辺の女性救済など独特のアナキズム運動を展開し、機関誌『自由』や関連パンフレットを発行し続けた柳沢善衛も参加、下働きをする。戦後の混迷の中で、柳沢は体調が良くない上、年齢的にも仕事がなく困っていたところ、たまたま再会した旧知の新居に消費組合運動に、さらに生活協同組合運動に誘われ、それに応えて協力することになったものである。

このように、新居は、戦前・戦後を通じ、生活協同組合運動には熱心に参加、協力した。彼の思想・運動にあっては、自らのアナキズム的な徹底した人間・個人尊重の理論・理念にも沿い、具体的に市民の生活を支えうる活動が生活協同組合運動であった。

実際に、彼にとっては、「協同組合運動の基底は、生存権に根ざしてゐる。生存権、それは、人間の基本権であつた」（新居格前掲「協同組合の諸問題」）のである。また、戦前からいろいろの面で信頼できる賀川豊彦、岡本利吉ら生活協同組合の先駆者たちも身近にいたので、頼りにもなり、安心して、また自信をもって生活協同組合に向き合うこともできたのであった。賀川らも、組織的・実践的活動歴の弱い新居の生活協同組合運動への参加・挺身を心配しつつも、歓迎していた。実際に温かく見守っていた。それを感じつつ、新居も励んでいたのである。

考えてみれば、新居ほど生活協同組合の必要を認め、それを大切に扱った人は珍しい。また生活協同組合とその運動に大きな期待を寄せた人、それだけに生活協同組合を多様に、さらに総合的に受け止めた人も、珍しい。市民の暮らしを市民本位に守ってくれるのは、生活協同組合以外にないこと、自治体の自治・行政にも、さらにユートピアに続く将来社会の原理・基礎にも、生活協同組合の理念や方法が有益であることも、新居は信じていた。

その点で、新居の生活協同組合論を再検討・再検証することは、現在の生活協同組合関係者にも極めて有益である。

3　自由と文化を守る作家・文筆家の組織化——日本ペン・クラブと日本文芸家協会

(1)　作家・文筆家の組織化と日本ペン・クラブ

関東大震災を機に朝日新聞社を解雇されて以来、新居は大きな会社など組織の保護・保障もなく、独立して自らの文筆で生活をたてざるをえなくなった。自分が筆を執らなくては、収入は入ってこなくなったのである。そのため、新聞社の一員として働いていた時代とは、生活のあり方・姿勢が完全に変わってしまう。

文筆活動を維持するには、言いたいことを言い、書きたいことを書くという発信・発表の自由なり権利なりが保障されなければならない、しかるに、新居が独立して一評論家・一文筆家として立つ一九二四年頃からは、執筆の自由はかなり危なっかしいもので、当局からの制限や抑圧がきびしくなっていた。

そのような状態にあって、一人一人の作家や評論家など文筆家を守る組織的保護は無いに等しかった。組織はあっても、イデオロギーや党派ごとの集団で、言論の自由や作家・文筆家の自由や生活を守り合うものではなかった。結局、一人一人が弾圧や検閲をかいくぐる方法を編み出す以外にない状態であった。

特に準戦時、さらに戦時体制への突入は、執筆の自由を一層厳しくした。新居は限界ぎりぎりまで、聖戦遂行などに協力するのを控えるが、嵐のような逆コースの流れは積極的に戦争協力に励む作家・文化人を多く輩出した。新居の考えとしては、そういった時代こそ、言論の自由を護るために個人を超えて作家・文筆家たちが団結して組織的に対抗しなくてはならなかったのである。バラバラでは、権力や軍部の思うつぼで、言論の自由は徹底的に抑え込まれた。その中で積極的な戦争協力を拒み続けた新居は作家・文筆家の団結の必要を痛切に実感していた。

この準戦時・戦時の間、新居は一九三五年創設の日本ペン・クラブには参加していた。評議員にもなっていた。また、ペン・クラブの民間性や自由では、それを守るべく新居らしい主張を展開した（高見順『昭和文学盛衰史　二』文芸春秋新社、一九五八年）。しかし急速に言論の自由は奪われ、作家・文筆家たちは追い込まれていく。

にもかかわらず、ペン・クラブとしても、会員個人としても、言論の自由を守る活動はほとんど困難に近かった。欧米から見ると、すでに昭和の初期から何で日本の作家や評論家たちは日本政府の大陸における侵略行為に批判の声を上げないのかといった不満の声が上がる状態であった。

そんな体験もしているだけに、戦後の自由の到来を見て、新居は作家・文筆家の組織化には早くから敏感に動いた。実際に、生活協同組合運動に続いて新居が積極的に動いたのは、日本文芸家協会と日本ペン・クラブの結成であった。この両者の活動のどちらにも先頭に立って動いたのは新居であった。それほど作家・文筆家には団結が必要であることを経験を通して真剣に受け止めていたのである。

（2）　日本文芸家協会と日本ペン・クラブの発足

太平洋戦争終結後の日本文芸家協会結成の動きは速かった。同協会は、早くも一九四五年一〇月一八日に、「再興発起人会」を文芸春秋社社長室において開催する。菊池寛、舟橋聖一、河上徹太郎、広津和郎、中野重治、上司小剣、永井龍男、佐佐木茂索、宮本百合子、佐多稲子、それに新居格の一一名が参加する。日本ペン・クラブに比べて、党派的動き、戦争責任問題の批判も表面化していたが、全体としてはそれらをおいて呉越同舟で文芸家の職能組合として組織化が合意されつつあった。

新居は党派に関係なく、最初から個人で参加したが、他の作家・文化人の動きに遅れるものではなかった。名称は日本文芸家協会とすることがこの会合で決まった。

次いで一〇月三〇日に文芸春秋社において「再興準備委員会」が開催される。菊池寛、中野重治ら六名と共に、新居も出席した。定款、法人化の問題、名簿作成等が議論された。

これらの論議を受けて、一二月四日に創立総会が文芸春秋社において開催される。そこで会長に菊池寛、常務理事に中野重治、中島健蔵、石川達三、河上徹太郎、佐多稲子、舟橋聖一が選出された。新居は佐佐木茂索と共に監事に選出される。

この創立総会では、日本文学報国会や戦争協力など引き続く問題もあったが、設立の目的に沿い、「職能組合として文芸家の生活権擁護を第一にするを申し合わせ」た（「文協だより」『文学会議』創刊号、一九四六年八月）。職能組合と定めることは、戦時下の日本文学報国会の路線評価に関する深い議論を避けた面もあるが、新しい時代に多くの文芸家が一致団結できる基本路線でもあった。

なお一九四六年八月に至り、日本文芸家協会は機関誌『文学会議』を創刊する。その発行を引き受けたのは新生社であった。同社は、青山虎之助の起こした出版社で、戦後すぐに東京・内幸町に事務所を構えて出発した。『文学会議』創刊当時は、日本橋区江戸橋三丁目に移っていた。

新生社は、まず一〇月に室伏高信のパンフレット『新生の書』を発行する。敗戦の衝撃をうけて「日本は屈服した。」で始まり、「Vita nuova ―新生へ」で終わる、室伏にとっての再生の訴えであった。それは、新時代の到来、それに対する変革の必要という状況に対する室伏の認識の弱さもあって、まだ戦前・戦中の古い観念を脱し切っていない内容・訴えの一面もあった。そのパンフレットは六四頁の紙質も造りも貧弱なもので、後世に残るほどのものではなかった。それでも、新生社としてはそれを踏み台に、そう長い期間ではなかったが、活動し、発展していく。次いで、その室伏の協力も得て、一一月には機関誌『新生』を発行する。他にも積極的な出版活動を展開し、戦後の雑誌復興・興隆の先陣の一つとなる。その過程で、日本文芸家協会の活動も支援することになったのである。その点では、日本文芸家協会にとっても、新生社と社長の青山は有難い存在であった。

それを追うように、一九四七年二月一二日に、日本ペン・クラブが二つの再建の動きを一本化し、再建大会を東京・有楽町のレストラン・リッツにおいて開催する。大会には一〇〇名ほどの会員が出席（会員は五月には三五〇名に達する）、座長は豊島与志雄が務めた。

日本ペン・クラブの開会が宣せられると、まず再建に尽力した新居が代表して開会の挨拶を行う。意外に長い挨拶で、戦前のあり方の反省、外国の動向、さらに生活協同組合や労働組合の動きにも言及し、「わたしは最後に、こんどこそ日本ペン・クラブは、ペン・クラブとしての立場と良心と意思とをもつであらうと思つてゐる?」（新居格「挨拶」『会報』第一号、日本ペン・クラブ、一九四七年五月）と結んでいる。

新居のこの報告は、日本ペン・クラブにとっても重要なものであった。それだけに、再建大会直後の三月末に特別報告書として印刷・発行されていた。その要約が『会報』に掲載された「挨拶」である。その役割を新居が担ったことは、ペン・クラブにおける新居の先行した位置が推測されよう。

この大会で、会長に志賀直哉（創立大会後に決定）、副会長に辰野隆、名誉会長に正宗白鳥（四月二六日の第三回幹事会で推薦）、幹事長に豊島与志雄が選任された。大会は、その後、規約討議、評議員選出と進み、評議員には中野好夫、河上徹太郎、豊島与志雄、阿部知二、芹沢光治良、中島健蔵、石川達三、長与義郎ら三九名が選出されるが、新居もその一員に選ばれていた。

なお新居は、評議員の他、第一回評議員会（二月二四日）で幹事に、また第三回幹事会（四月二六日）で中島健蔵、芹沢光治良ら五人と共にユネスコ対策委員に選出される。もっとも、新居はその頃から杉並区長選に動き出し、まもなく当選となるので、ペン・クラブの仕事は、本格的には最初のみで、後はかなり控えざるを得なくなっていく。

それでも、再建大会の後も可能な範囲で協力を続ける。例えば、六月二六日、東京・神田の共立講堂において開催された「日本ペン・クラブ講演会」には、新居は「ペン・クラブと平和主義」の演題で講師を引き受ける。また翌一九四八年五月二一日に開かれた年次大会にも、「会費改正（月額一〇円を二〇円の二倍に改正）」の議題では説明者として登壇している。また比較的頻繁に開催された「拡大幹事会」にも、可能な範囲で出席している。

なお、その創設等を報告した日本ペン・クラブの機関誌である『会報』の創刊号が、同年の五月二〇日に発行される。その第一頁の巻頭には、先の再建大会における新居の「挨拶」が掲載されている。『会報』の第一面の最初に新居の名前が出てくるところにも、日本ペン・クラブにおける新居の役割の大きさが推測されよう。なお、当初事務局は東京の中央区京橋二の八明治製菓ビル五階に置かれた。

かくして、戦後すぐの自由な時代の到来、そして平和な環境の下で、占領軍の検閲はあるものの、基本的には権力や官権に自由と権利を侵されることなく文筆・文化活動を展開できるようになる。この流れで、作家、文筆家の団結・組織化を重視し、二つの団体の双方の創設に熱心に関わったものは、そういない。新居はその数少ない一人であった。その点では、戦前の作家や文筆家のあり方を反省した新居の意識、活動が際立っていたのである。

このような文筆家、作家、文化人の組織化に続いて、新居が取り組んだ活動は、以前からの生活協同組合運動であり、また足下の地域・区の自治・行政、そしてまちづくりであった。その他、日本ユネスコ協会、聖ガンジー協会など公益的活動・組織でも、新居は多くの事業に関わり、それぞれの代表、役員を引き受けることも多くなっていく。

4　地方自治の改革とまちづくりの挑戦

（1）混沌とした情勢と小地域における挑戦

戦後の新居格の多様な活動の中で、特に忘れられないのは、一九四七（昭和二二）年四月の東京・杉並区長選への立候補と当選、そしてそれに伴う地方自治と地方行政の改革、区民の夢のある暮らしづくり・まちづくりへの挑戦であった。先に触れたアナキストが政治に関わることであった。

それは、言い換えれば市民の側に立つ市民本位の地方行政・地方自治の確立、さらにはどの国にも敗けないまちづくりを目指す挑戦であった。というより、ユートピアンの新居は、戦争直後の動向に、もしかしたら一般の、あるいは従来の革命とは違うにしろ、革命的気運なり情況が形成されることもありうると考えた。その時、生活協同組合も、区政も、その流れに乗れたら、ユートピアに近い夢の実現も可能になるかもしれないとも考えた。

後述するように、新居はこの段階で彼の描くユートピアとその現実化の可能性も考えていた。彼は、社会主義者・アナキストの中ではユートピアについて、その入り口程度のことであれ、その現実化を実際に考えた珍しい人であった。

新居としても、戦後の新しい潮流を生かすには、従来の殻に閉じこもった発想、主義、理念を超えねばならないと考えた。一般市民の考え、流儀、生き方を無視した古い慣習や形式主義に立つ議会や役所のあり方、あるいは政治家が市民より数段も上といった議員の古い認識や体質など、旧来のあり方を一掃する必要があった。混迷・混乱の中にある今なら、その闘いが市民の理解を得られるにちがいないと考えたのである。

新居がそのような視点や方向性を持てたのは、戦後の混乱・混迷、そして新しい民主主義の到来の中で、従来にない全く新しい状況・可能性を読み取っていたからである。そこに、変革の必要と可能性、場合によったら革命がおこりうる可能性もゼロではないと感じとっていた。実際に、生活協同組合運動の推進、さらに杉並区長選挙への立候補が、将来社会につながる可能性についても読んでいた。従来の新居の生き方からは考えられない決断・対応もなされたのは、そんな事情が絡んでいたのである。

もちろん、新居は「小地域の民主化」を単位・基礎にした自治や行政のあり方、夢のある市民生活やどの国にも負けないまちづくりを、戦後すぐに構想できたのではない。戦後の荒廃・混迷の厳しい現場に触れたり、生活の再構築・安定化を考えたり、生活協同組合に必死に打ち込んだりしているうちに、それら一つ一つも、また社会全体の改善・改革も、村や区といった「小地域」の民主化や改革、そのためのまちづくりを基本とすべきことを学んでいく。

区政に興味を抱く以前に、戦後の新しい時代の新選挙法の下で衆議院議員の選挙が行われるが、新居は日本協同党から立候補を打診された。翌年の新憲法の制定の下で、参議院議員の選挙が行われるが、その時は実際に日本協同党が発展する国民協同党から立候補を勧誘されている。ほぼ同時に杉並の区長選も行われることになった。

そこで、新居は区長選に立候補する決断を下す。誘われると、断れないところがあったにしろ、新居としては、戦後の混乱・混迷の中で、革命であれ、改革であれ、今なら何でも起こりうる。その際、国レベルではなく、小地域こそ改革・挑戦の基本単位にならなくてはならないと考える。自分が進むべきは、国会・国政ではなく、区・区政であるという確信を抱くようになっていく。

新居は、ここまで来て、区長に立候補するなど、新しい方向に向かって挑戦しないでどうするのか、という気持・気概であった。特に戦前は、新居は主に筆の人で、厳しい弾圧もあり、実践にはそれほど積極的・リーダー的に関わることはなかった。アナキズム系の文化・文芸運動に関わることはあっても、それほど深入りしなかった。地域・まちの活動に至っては、生活協同組合運動以外はほとんど関わることはなかった。

それに対して、この敗戦直後の状況に直面した新居にとっては、何が起こっても不思議ではなかった。革命だって吹き出すかも知れない、と考えた。ここで起たなくては、生涯何もせずに終わることになるという強い危機意識にとらえられた。生活協同組合だって、その理念や方法を官主導の古い行政・自治に代えて生活協同組合区として生かせるのではないかとも考えた。

その延長で、新しい社会や変革に向けて実践するには、区、または村を基本とする活動こそ本物になるという確信を持てるようになる。区は村のようなもので、その小地域の民主化・自治、さらにはまちづくりに取り組むことこそ、最も大切で基本になるという理念である。

この時代の新居にとっては、アナキズム・社会主義など思想や理念はどうでもよかった。今急ぎ取り組むべき大切な課題は、塗炭の苦しみにあえぐ市民の暮らしであり、崩壊下にあるまちや自治の蘇生や新生であった。特定の思想の実践も、論理の貫徹もどうでもよかった。市井における市民の暮しの向上・安定、自由と権利の保障、生活協同組合の拡充、美しいまちづくり、そういったことを区単位に市民本位の政策として挑戦することが肝心であった。当時そのように発想する者は、いなかったのである。

(2) 師・吉野作造を範として

そのような視点に立って、新居が生活協同組合運動、区長選など実践運動に乗り出す時、彼の念頭に浮かんだのは、恩師・吉野作造の生きざまではなかったか。新居が東京帝大を卒業し、社会に出た、まさにそのほぼ同じ時期に、吉野は大正デモクラシーの準備をしてきた。そして、その原則を訴えて、象牙の塔を超えて起ち上がった。

続いて、吉野は学生と社会を結び、学生運動にも取りくむ新人会を東京帝大に結成する。新居は卒業生ながら、それに参加した。弾圧も、妨害もあったが、吉野は屈しなかったし、新居もそれを支援する姿勢で見守っていた。

その吉野の闘い・生きざまを、新居は社会に出て新聞記者になる最初からずっと見てきた。それ以前に、学生の頃から、吉野の教育者・研究者としての生き方・姿勢には特別のものを感じてきた。大学の教員・学者もさまざまであるが、新居にとっては、吉野は一貫して憧れであり、敬愛に値する人であった。それにならって、新居も、できることなら、吉野のように大学などに職を得て、もっと自由に発言し、振舞いたくなっていく。

新居の発想や理念には、アナキズムも社会主義もどうでも良かった。それらの影響は当然あったにしろ、区政に乗り出す際の課題や目標は、市民のより良い生活、権利、自由の確保・保障であった。また、市民のための区政・自治であり、さらに市民本位のより良いまちづくりであった。もし吉野が存命であったなら、新居の区長選への立候補の決断をどう見たであろうか。おそらく吉野は大いに喜び、応援したのではないだろうか。新居の発想・主張には、吉野が訴えて実現できなかった大正デモクラシー運動ほどのスケールの大きさはなかったが、市民の生活と権利の保障、まちづくりの推進、行政・自治の市民本位の改革を考えると、市民のための市民本位の運動ということでは、吉野らの運動とは異なるが、吉野らの運動に匹敵する意味・側面もあった。

吉野らも大正期に「民衆本位」を説いたが、新居の場合は、太平洋戦争後の昭和期に市民のためのみでなく、市民による運動、市民による変革の視点も入っていたのである。

新居は、政治や行政では、小地域とその民主化こそ大切で、国や都道府県以前に、村や区を基礎とすること、それを土台にしてこそ、市民本位が本物になると考えていた。具体的には荒廃した杉並において、図書館、文化会館、劇場、ダンスホール、子どもの町、緑と街路樹のある広い道路、牧場、果樹園などの建設、整備、充実はじめ、文化と自然のあふれる地域・まちを実現すること、政治・行政を区民・市民本位に、かつ市民がその主体・主役になって関わることを当然のあり方として訴えた。

「区議会にして学識識見にすぐれ、人間思想を高さ、深さにおいて十分に具備してゐる議員が多く集まつてゐるならば、それは国会よりもすぐれた存在となることはいふまでもない……。正義と人類愛と理想とをつよく志向するものが小地域の民主化に挺身しないから、利己主義と俗情の跳梁を許すことになるのだ。さうした怠慢こそ民主主義を裏切るものでなくてなんであらう」（新居格前掲『市井人の哲学』）。新居はそんな考えや意気込みであった。

（3）公選第一号の新居区長の誕生

混沌とした情勢の下で、既に何度か触れたが、一九四七年四月、新居はついに公選最初の区長選に立候補した。新居の考える自治の、また変革の基礎となる区の首長への挑戦であった。それ以前に、素人が見ても、区民のことがないがしろにされる行政、税金の無駄使いが改められない議会・役所の現実、さらにヨーロッパの街々を超える緑豊かな街の欠如が変えられないことは許せなかった。何とかしなければと考えた。

新居は、市民レベルの目線・発想による行政改革、「人間愛の行政」、世界に誇れるまちづくりを訴える。それが区民に受け止められ、政治・行政に素人の新居が、改革や新しさを求める区民の共感を得て、公選区長の第一号として当選することになった。新居が獲得した支持票は四万三八八七票で、戦後の混乱期としては立派な数字で、他の候補を大きく引き離していた。ともかく当時にあっては市民派の勝利と言ってよく、区民の期待の大きさがうかがえた。

区民は単なる守勢や既存の路線の継承・延長ではなく、目に見える大胆な改革を支持し、期待したのであった。これなら、新居も何事かできるだろうと確信した。

当選すると、新居は言行一致を旨とし、区長として区民本位の施政・施策を徹底させようとした。古き慣行などはどうでもよかった。しかし、区会議員や区役所職員にとっては、伝統や慣行が大事であった。区長は一番偉く、権力・権限も一番強くなくてはならなかった。それに応じて区長室も、区長のテーブルや椅子・備品も、役所では一番立派でなくてはならなかった。議員も職員も、そう考えていた。

しかるに、新居にとっては、そんなことはどうでもよいことであった。区長に特別の部屋があろうとなかろうと、テーブルが貧弱で安物であろうと、どうでもよいことであった。しかし、そのような伝統的なあり方をぶち壊すような認識は、職員からは容易に理解は得られなかった。

さらに、具体的に区議会の活動が区民から見えるようにガラス張りにすること、農地など視察の後の三業地（料亭、芸者置屋、待合の三つの営業を持った地帯）などへの接待は無駄であること、区長が月給から課長や係長のたばこ代を出す慣行の愚かしさ等、市民本位の発想から見ておかしいことは、ドンドン改めるように動いた。

新居にとっては、議員・政治家、そして役人には、区民の饗応・サービス等を一切受けないこと、税金でタダ酒・タダ飯を飲まないし、食べないことなどは当然のことであった。部下の議員や職員にも、それを要求した。新居は、自らもお茶さえ断るほど、率先実行・実践する。

ところが、そう甘くはなかった。区長室や区長のテーブルを一階に置いたり、同じ一階の受付嬢の近くに置くなどと言うことは、全く理解してもらえなかった。タダ飲み・タダ食いの慣行の廃止、あまりに多すぎる議員定数の削減などは、大変な抵抗にあった。悪しき古い理念や慣行や形式主義の排除なども、新居が思うようには容易には議会にも役所にも受け入れられなかった。

副区長の選任にも手間取った。新居が良しと思った人物は議会に受け入れられず、年齢・役職・序列を無視した任命なども受け入れてもらえなかった。

それでも、新居には夢・理想があった。夢や理想は簡単に受け入れられるはずはないが、区民の支援をあてに「人間愛の行政」を基本として、夢・構想の具体化に向けて戦わざるを得なかった。公私の徹底した区別、無駄遣いの排除、ボス政治、陳情政治・形式主義・マンネリズムの排除など、政治・行政には課題が多かった。しかし、それを改めることへの抵抗は新居一人では克服できなかった。

気づいたら、区長には大した権限はなかったのである。予算・財政は都との相談が不可欠であり、人事、施設・設備の導入・更新、新しい計画などの全てが議会を通さなくてはならなかった。一人で決められることは限られていた。そのうち、当初応援してくれた社会党や共産党も与党ではなくなる程になり、まさに議会に対しては孤立無援であった。応援してくれるのは、外部の作家・評論家・文化人たちと改革に期待する市民だけであった。

そんな具合で、新居の姿勢・実践に対して立ちはだかるのは政党・政治家であり、役人であった。税金の無駄遣いの排除、議員定数の削減、区長や議員を上にみる形式や上下関係へのこだわりの排除など、何度も彼らと議会や職場で議論した。あまりに古く理不尽な政治や行政の現場に、我慢がならないこともあった。新居はあくまでも市民目線で市民本位に取り組み、対応するのであるが、それは議員たちには理解できなかった。

新居によれば、区長といえども、市民の上に立つのではなく、市民と共に、あるいは市民の理解と支持の下で発想し、政策をたて、動くものであった。区長の部屋、使うテーブル・椅子なども市民や一般職員よりも良い特別のものが必要といった認識はなかった。議員から見たら、区長が公費の飲食、特別のテーブルや椅子の使用をしないと、自分たちも公費の飲食はできなかった。高価な部屋、テーブル・椅子を使えないという、新居の市民目線・市民本位のやり方は面白くなかった。議員にも職員にも新居流の認識や改革は常識や慣行に沿わず、受け入れられない面があったのである。

特に、新居は筆の人でもあるので、議員や職員は自分のことを悪く書かれては困ると、一歩引くところがあった。現に『区長日記』をみても、公的な場でも、文筆でも、新居は議会には大ボス・小ボスが居り、中でも文化程度の低いものはホッテントットと同じとまで批判した。議会でもそういう発言をした。彼ら議員たちとしては、自分は違うと思っても、自分たちの同僚をボスやホッテントットと言われては、面白くなかった。新居と議員の関係がうまくいくはずはなかったのである。

ただ、新居は人を特定していないので、自分が大ボスでも、ホッテントットでもないと思う議員は、何も気にすることはないじゃないかと譲らなかった。新居には、そういう変わったところ、強いところもあった。

それほどに、既存のこと・古いことを変える新しい発想や考え、また新しい構想や改革には特に内部から予想以上に抵抗が激しく出た。それでも、新居は言いたいことは言うので、たった一人の闘いとなりがちであった。結局、自分の節を曲げないためにも、新居と議会・役所の間に妥協点・調和点はなく、むしろ新居の心身を蝕むばかりであった。

その結果、新居は病気を理由に理想や目標を掲げたまま、身を引くことになった。本人としては、燃焼しつくした状態であった。これ以上は無理という限界まで追い詰められていた。その最後は自らの判断で閉じ、区政からは身をひくことにした。

そんな愛想尽かしと共に、病み疲れた自身の健康もあって、区長に当選して一年を経過した翌一九四八年四月に、ついに新居は区長を辞任する。道半ばにして区の自治・行政、そしてまちづくりの運動から身をひかざるを得なかったのである。

この区政・区長への挑戦は、新居にとっては一大勝負であった。大袈裟になるが、勝ち負けより、理想、そして理念・思想に沿う真実の生き方や信念をかける決戦であった。政治の世界に立候補するなどという馬鹿なことはしない方がいい、と知友から諭されようと、引かなかったのも、そんな強い認識や信念があったからである。

以上に見たように、新居を「地方自治・地方行政の鑑」、文化や自然や環境も視界に入れた「文化と自然のあふれるまちづくりの先駆者」と言ったのは、大袈裟な評価ではなく、まぎれもなく彼の標した挑戦・実践であり、足跡であった。ところが、区民の多くは支持したものの、政党・議会や行政・役所からは協力が得られなかった。多くは新居の方を政党・議会等よりも後れているととったのである。

むしろ政治や行政の現場は、市民本位に理想を追う新居に対しては抵抗勢力・敵になった。それでも、新居は、最小単位の村や区を重視し、経済・モノを超えて、文化・芸術・自然・環境をも重視するまちづくりの夢、区民本位の自治・暮らしづくりの夢は譲らず、信じ続け、掲げ続けたのである。

辞めるにあたって、新居は一方で自由に自治を行使できない区長には興味はないと言いつつ、他方で「トンネルから出たような晴々とした気がする」と言っている。辞表を受け取った林鉄男区議会議長は、辞める区長への礼儀もあって、「区長には惜しい人だと思う。区政でも政治でも観念論ではできません。もっと大きな舞台での活躍を期待します」（深津喜平「知性と現実の争い」『週刊朝日』一九四八年四月二五日）と、新居が区長には向かなかった人と言いつつ、そのスケールの大きさは認めている。

5　新居格の永眠

新居は、区長を辞任してホッとした。心身の健康からだけではなく、議会や役所が想像していたものとはあまりに違うこと、そんな議員たちに合わせる気持は全くなかったからである。辞任を作家、評論家、文士仲間たちは喜んでくれた。数々の慰労会も開いてくれたほどである。

新居は、杉並区長辞任後も、区長以外の仕事には関わり続けた。病魔と闘いながらも、執筆、翻訳、講演、大学での講義・教育、生活協同組合運動などに可能な範囲で関わった。病身を承知しながらの活動・対応であり、当然無理はきかなかった。

それでも、新居は依頼された仕事は基本的には断らずに、引き受けた。若者との交流・交歓、カフェやレストランを楽しむこと、演劇・映画を観ることなど、家族からは反対されることもあったが、できるだけ享受しようと心掛けた。そのような状況の中で、外見では分からなくても、自らの心身の働き、頭の回転、仕事のスピードに、従前とは違う状況を本人は自覚しだしていた。

そんな推移と共に、長年の無理もたたり、ついに一九五一年一一月一五日に、東京・杉並区阿佐ヶ谷三丁目四八九番地の自宅において永眠した。戦前から住みついていた家だった。死因は脳溢血、区長を辞任してから三年半ほど生き抜いた後であった。

その日、孫も来ており、新居は気晴らしに散歩に出かけた。しかし、気分が優れず、散歩を中断して帰宅した。それが意外に重大なことで、その日のうちに意識不明となり、そのまま帰らぬ人となった。

枕辺には子供の頃からの親友・賀川豊彦と天羽英二らが駆け付けていた（和巻耿介前掲『評伝新居格』）。不断は離れていても、変わることなく新居のことを気遣ってくれていた賀川と天羽が駆け付け、付き添ってくれたことは、新居にとっては最高に心休まる幸せなことであった。享年六三歳。その頃にはまだ杉並区長の記憶も消えておらず、まさに惜しまれる逝去であった。

死後には、文筆活動のみでも膨大な量の著作類が遺されていた。それにしても、六三歳というのは、当時でも十分にやることをやり、生き抜いたという年齢ではなかった。

それでも、新居にとっては、最後に至って思い返しても、生涯を通じてやりたいことはやったという認識をもてたのではなかったか、と思う。ともかく休みなしに働いた。依頼される原稿・著書の執筆、講演は原則として全て受けてきた。それが定期収入のない身では、生活を守る基本であった。全部受けても十分な収入、貯えのできる収入には届かなかったのである。

たしかに、生活・収入面は決して楽ではなく、借金暮らしもしょっちゅうであった。またカフェ、バー、レストラン、ダンス、映画、観劇なども十分ではなかったが、ある程度楽しむことができた。

その点で、一〇〇％悔いることなく、やるべきことはやり通したという心境にまでは行かなかったにしろ、戦中、戦後を通して他のものにはできない新居らしい姿勢を貫いた。執筆や言動を思い返しても、ある程度納得できる生涯になったのではないかと思う。

新居は、戦前の弾圧の厳しい時代にも、自身も言うように最先端の活動・実践には積極的に関わることはめったにしなかった。しかし、消極的に見える場合も、単なる逃げではなく、権力・体制への非協力・批判の意味を巧みに込める言動をとる場合が常であった。そのような穏やかな姿勢さえ、戦時下では危険なことは新居も自覚していたが、そのような抵抗は止めなかった。

いずれにしろ、一見消極的に見えながら、戦時下に新居が自らを見失わず、超軍国化、そして聖戦や天皇の神格化とは一定の距離を置き、戦争を冷静に見続け得たことは、忘れてはならないことである。そして戦後の混迷期に、自分なりの状況判断もあって、自身の決断で社会変革の土台にもなる地方自治・地方行政やまちづくりの先頭を走れたことは、新居の足跡・評価では忘れてはならないことである。

特に、政治・行政に不信感を抱きつづけてきた新居は、戦後に至ると、それらから逃げずにむしろ積極的に取り組もうとした。そのような政治に関わる挑戦の姿勢は、アナキストらしくないと形式的に批判を受けかねなかったが、新居は動じなかった。そこには、市民本位の自治や行政の樹立、社会変革への対応の準備に加えて、それらの実践を通して政治や行政、政治家や官僚のための政治学ではなく、市民本位の市民派政治学の構築の可能性も秘められていた。

たしかに、新居は数えきれないほどの論文・エッセー、著書、編著、翻訳書を残している。多くの活動も標している。しかし、その量よりも、戦時下、そして戦争直後の生き方や言動で新居が新居らしさを発揮できたことこそ、十分に留意、評価されなくてはならない。

今は、新居は誕生の地、徳島県鳴門市に静かに眠っている。彼にとっては懐かしい思い出の多い土地である。近くには、撫養の斎田、そこにある母校の小学校、撫養とはちょっと離れるが、子どもの頃級友たちとよく遊んだ岡崎の砂浜などがある。

没後は、新居の志を生かそうと、「新居格記念会」が組織され、すぐに三百人近い人が会員になってくれた。その事業の一つとして「新居格文庫」が設置された。

その文庫の発起人や寄付者には多くの人が関わった。鈴木信太郎、恩地孝四郎、上林暁、安倍能成、中野好夫、河盛好蔵、谷川徹三、石川達三、大山郁夫、羽仁五郎らである。あっという間に、一五〇〇冊もの著書が寄せられた。それに新居の遺した蔵書も加えられ、区立図書館に収蔵されることになった。

ただ残念なことに、その後、新居文庫は忘れられ、消滅することになる。今となってはその行方は分からない。大変残念なことである。同時に、新居は、死後、時の経過と共に忘れられていく。郷里の徳島でさえ、また区長であった杉並区でさえそうであった。とりわけ戦中も聖戦遂行といった人間性や科学性を無視する逆コースの潮流に飲み込まれなかっただけでなく、それを鎮静化する役割を演じたことも、また戦後、大胆に演じた革新的、時には革命的情勢を意識した対応・事績も忘れられてしまう。

例えば、戦後、新居によって他に先駆けて地方自治・地方行政に対して市民本位の視点と方法で取り組もうとした改革、杉並に世界に誇れる自治やまちをつくろうとした理想がうちたてられた。しかし、いつの間にか忘れられてしまう。さらに杉並を拠点に生活協同組合運動を広め、かつ区全体を生活協同組合区として協同の理念で運営しようとした挑戦まで忘れられてしまう。

考えてみれば、新居に関しては多くのことが明らかにされていなかった。新居の家族、例えば兄弟・姉妹等のことを始め、いろいろのことが正しく伝えられてこなかった。それらの全てをここで解明することは出来なかったが、可能な限り明らかにした。

今、日本を取り巻く政治・経済情勢は混沌としている。遅まきながら、新居の先駆的な発想、そして挑戦と実践の足跡・事績が見直されることを願って止まない。

第六章　新居格の業績

1　普通の市民であったということ

新居格という人は、新聞記者、評論家、作家、翻訳家、あるいは思想的には自由人、インテリ的・論壇的アナキストとして知られる。それら以外にも、生活協同組合運動や文芸家協会、ペン・クラブ等の先駆者として、女性問題におけるフェミニストとして、また特に最近は地方自治・地方行政、および文化と自然のあふれるまちづくりの先駆者としても、評価されるようになっている。

新居は、新聞記者や評論家としては、生活や市井のことども、社会や思想、文学・芸術、科学・哲学、さらに人間、特に女性等広い領域やテーマを守備範囲とした。それらを自由人の視点で、時にはアナキスト、サロン・アナキスト、あるいはユートピアン、ドン・キホーテなどの視点から論じた。

その際、新居は、一方で足下・身近な小地域のこと、そこでの市民の暮らしやまちづくり、自治・行政の民主化・市民化、また科学や哲学の日常化・市民化など、市民本位の目線から夢のある構想や課題を大切に扱った。他方でそれらの具体化と市民の享受のために筋道を立てて自ら実践することも厭わなかった。政治や行政の実践や役割についても、政治家や役人の目線ではなく、市井の市民・住民本位の目線で、悪しき上下関係や慣行などの認識や慣行を打破した。そして、抜け道のない筋道の通った市民本位のあり方を主張し、実行しようとしたのである。

　幸い新居はそれらに渡って、評論・エッセー、研究、翻訳等を実に多く残している。それらを全て網羅して著作目録を正確に作成するのは至難の業と言われるほど、著作類は膨大な数に達している。それらを一書にまとめた単著のみでなく、編著や訳書も入れると、単行本は五〇点を優に超えるほど世に送り出されている（なお新居の著作類は本書末に一覧表を付してある）。

　その際、気づくことは、彼が知人・友人の批判を名指しでは行うことがなかったことである。それは十分に注意に値することである。太平洋戦争下に天皇制の擁護に回ったり、体制の支持に回ったりした者にまで敢えて批判をしなかった。岩佐作太郎、相馬御風、小川未明等の場合も例外ではなかった。いずれも良く知り合っていた仲である。これは大戦前と大戦後では変わらなかった。もちろん自らは天皇制を擁護したり、体制を積極的に支持したりすることはなかったのである。

　ところで、新居のそのような生涯は、一口で表そうとすれば、どんな言葉が当てはまるであろうか。新居は人を表す場合、何々主義者などとすることを必ずしも好まなかった。他人を何々主義者と表すことは滅多になかった。しかし、あえてその言葉を使えば、新居の生涯はアナキストないしはアナキスト的であった、と言うほかはない。例えば、準戦時、戦時、あるいは戦後というアナキズム的生き方が最も難しい時期を通じても、彼はアナキストないしはアナキスト的生き方を通したと言って良い。

そのような生涯は、六三年に渡る成果や業績にまとめられており、新居の全体像を知るまたとない情報・手がかりとなっている。

それらの成果や業績については、新居格著『杉並区長日記　地方自治の先駆者新居格』（虹霓社、二〇一七年）に発表した拙稿「地方自治・地方行政の鑑新居格の生涯と業績―典型的な自由人・アナキスト―」において、私はある程度言及している。その際、彼の成果や業績について、私は次の一二点を指摘している。

（1）市井の普通の市民の暮らし・出来事、例えば表や裏の通り、また長屋などにおける暮らしぶりについて、市民の目でそれらを見、受け止め、享受・表現する「街の生活者」であったこと

（2）科学や哲学の日常化・市民化に努めたこと

（3）新しい発想・表現に裏付けられた新語づくり・造語がうまかったこと

（4）自然の動きや情景、また物事・事象・現象の観察を色彩で受け止め、表現することにも秀でていたこと

（5）まちづくり、それも文化・自然の溢れるまちづくりを構想し、実践しようとしたこと

（6）政治や行政を考える場合、自治の単位として最小の村や区を重視したこと、そしてその主役は市民であると訴えたこと

（7）市民生活にあっては生活協同組合に大いに期待し、戦前・戦後ともその実践に関わったこと

（8）大杉栄亡きあとのアナキズム陣営の運動・機関紙誌を支える役割を、小川未明、石川三四郎、加藤一夫らと共に担ったこと

（9）アナキズムの大衆化・市民化に寄与したこと

（10）女性の解放と社会参加、また男性と対等で自由な活躍の擁護者であったこと

（11）新居が山崎今朝弥による幸徳秋水の著作集と最初の全集の編集・刊行の土台づくりや実行に協力したこと

（12）太平洋戦争後の新しい時代の新しいタイプのリーダー像を自ら示したこと

以上のごとくであるが、新居という人は実に多くのことに触れている。生活者として、またアナキストとして、様々なことに触れている。生活者としての主張、自治の単位として最小の村や区の役割を大切にすること、文章に自然に色彩を盛り込んだ主張、女性の自立を認めるフェミニストの主張、それにアナキストとしての主張等、新居にしか触れえないことにも触れている。ただし、彼は文章の上では下手に弁解や弁明をしない人であった。それだけに、ここをもう少し正確に触れて欲しいとか、あるいはもっと詳しく触れて欲しいと思っても、それ以上期待するのは無理なことであった。

新居は、アナキストならこういうことは触れるだろうとか、あるいは触れないだろうとか、ということにはあまり関係なかった。アナキストと政治もその一つであった。アナキズムにとって政治や政治家の役割がどのように変わったかなどに関心がないわけではないのに、深く触れることはなかった。

だから、普通のアナキストなら当然のように否定する政治や政治家の役割も、何も断ることもなく、ごく普通のように使った。新居としてはそれをさらに詳しく触れるとか、あるいは戦前はこうであったが、戦後に至って政治や政治家は戦前とは大きく変わったとか、説明するようなことはめったにしない人であった。それが新居の特徴の一つであったが、政治の問題にもその点が現れたのである。

ここでは、新居の活動の成果や業績に関しては、それらを再構成し、八点にまとめ直した。その上で、それぞれについてもう少し詳しく検討することにした。その八点とは次の通りである。

(1)まちづくりの先駆者
(2)生活協同組合運動と、日本文芸家協会および日本ペン・クラブの先駆者
(3)科学・哲学の日常化・市民化に努めた街の生活者
(4)生活や文章において色彩感覚を享受したこと
(5)市民の目線・発想になる新語をよく創ったこと

（6）アナキズムにこだわりつつ、その日常化に努めたこと
―最初の『幸徳秋水全集』刊行の貢献者―
（7）女性の自由と解放の支援者
（8）新しいリーダー像を創り上げたこと

以上の八点について、次の「2　まちづくりの先駆者」以下にやや詳しく論ずることにしよう。

2　まちづくりの先駆者

（1）まちづくりを訴えた人

八つにわたる新居の業績の第一は、まちづくり、それも政治・経済、文化・自然・良き環境・景観などの溢れるまちづくり、を訴え、実践しようとしたことである。太平洋戦争後の一面の焼け跡、混乱・混迷、今日・明日の暮らしもままならぬ窮状の下で、将来を見据えた遠大なまちづくり構想を訴えたのである。

新居は言う。「わたしは、私の住む杉並地区を、農業試験のつもりでいろいろの設計をしてみたいのである。だが、わたしは一人のユートピアンである。そうした夢の設計が、どの程度にまで実現するか、それともしないか、神様でないわたしには分からない。でも、わたしには夢み

るものがあるのではなければ、わたしは区長なんかになっているのはいやだ」。また「わたしは、ちゃちで安っぽい、お手軽式な計画をきらう。そんなものならない方がましだと思っている。」（新居格前掲『杉並区長日記　地方自治の先駆者新居格』）

こんな具合で、実に分かりやすいのである。

たしかに、彼の描くまち・まちづくりは、緑や花があふれ、街路樹がつらなる大きな道路を根幹に、図書館、美術館、博物館、児童館、音楽堂、上品な映画館やダンスホール等が整備される。彼が憧れるモナコにも、ルクセンブルグにも、ワイマールにも、負けないまちづくりであった。そのスケールの大きさ、目標の高さだけでも、普通の区民の心を打つものがあった。

その新居のまちづくりは、七〇年後の現在各地で展開されているまちづくりに大きく先行するものであった。それだけに、新居のまちづくりの発想、具体的内容、方法、運動は、現在の日本にも生き、範となるものである。彼は言う。

「文化地域はまず道路からである。……

文化にもいろいろあるが、民衆生活の現段階では生活文化であることが基礎だと思う。その上に咲く芸術文化である。わたしの文化設計は、その両面を連接してすすめられねばならぬと信じている。……

文化設計は一に思索にまつべきであって、模倣や軽佻な思いつきからは適正なものとはならないであろう。……

文化は雪のごとく白いという感じがあってこそ、また、白百合が芳香を放つといったところがあってのことだ」

「『子供の町』は、子どもたちの自発性に点火し、それの自動性を待つというのであって、かつての日のように、子供たちを指導してやるのだという観念は排撃されねばならなかった。」（新居格前掲『杉並区長日記　地方自治の先駆者新居格』）

まちづくりは、古くして、なお新しい課題である。少なくとも戦後に関しては、まちづくりの原点は新居にあった。それも、区長選に立候補する際に、他人からアイデアなどを教えられて公約にとって付けたのではなかった。こうあってほしいという自ら夢みるまちを杉並に実現しようと訴えた新居のオリジナルの構想であった。

新居にあっては、まちづくりは文化、みどりや花のあふれる自然や環境、街路樹のある広い道路が根本に位置する。その構想は、現在のどんなまちづくりにも劣らぬ高い理想と理念、そして新しさをもちつづけている。借り物でも、真似事でもなく、杉並区民に訴え、共に取り組みたいと思ったオリジナルで夢のあるまちづくりプランであっただけに、魅力的であった。

近年でも、市町村長など首長選挙に立候補する際には、候補者は自らのまちについて描く一〇年後、二〇年後、さらには五〇年後のまちの姿・まちづくりについて、具体的に構想を示し、訴える必要がある。それなのに、そのように将来構想や夢や責任を明示する例はめったに見られない。

しかるに、新居は七〇年以上前の最初の公選となった杉並区長選挙では、図書館、文化会館、劇場、子どもの町、牧場、果樹園、街路樹のある広い道路などで整備された文化・自然のあふれるまち・杉並を具体的に訴えた。しかも、その際、行政・自治の原理、またそれに支えられるあり方としては、村や区など小地域の民主化を基本・出発点にする認識を示した。それは戦後すぐの廃墟と混迷・混沌の中に置かれていた杉並区民に、まちづくりでも政治でも、夢と希望を与えることになった。

ただ、新居のまちづくり案も、建築家・都市プラナーなど専門家も交えた総合的な検討にまでは深められていなかった。まだ大雑把な案で夢物語の段階をそう超えてはいなかった。しかし、新居はそれを具体化し、実行する計画であった。

もともと、新居は自然も、樹木や花も大好きであった。私の「愛するものは樹木」(新居好子監修前掲『遺稿新居格杉並区長日記』一九七五年)と言っている通りである。それに、彼は街路樹のある広い道路、緑あふれるまちを、ヨーロッパのまちまちに学び、自然に描くことができた。当時、それができたのは、新居を置いて他にそうはいなかったのである。

新居がもう少し長く健康を維持し、区長の地位を守っていたら、また緑に囲まれ、街路樹も歩道も花もある広い道路も、そして文化や芸術も実るまちを実現できていたら、杉並はまちづくりの先駆地域として大きく変わっていたはずである。それによって日本全体のまちづくりのあり方も、理想も、大きく変わっていたはずである。まことに惜しいことをしたものである。

(2) 市民本位のまちづくり

新居のまちづくり論・行政改革論を考える場合、忘れてはならないことは、具体的な方法や実践にあたっては市民本位に進めること、それには最小の村や区を自治の単位として重視すべきことを訴えていたことである。そのあり方・方法によってこそ、まちづくりにおいても、また政治や行政においても、市民が主体的に参加し、主役になりうると考えていたのである。

実際に、新居は市民本位の自治を主張するだけではなかった。それを実践するには、まちづくりにおいても、また政治や行政においても、政治家や役人が主役になるのではなく、一人ひとりの市民が参加し、主役になるあり方を訴えていたのである。

新居にあっては、地方自治とは、たんに権限・主役を国から都道府県に、さらに市町村に移すだけでは意味がなかった。その権限・主役を地方・地域に、それを超えてさらに市民に返すことにこそ意味がある。権限の所在を国から地方に移すだけでは、権力が国から地方に、しかも国から地方の政治家や官僚に移すだけで、市民を素通りしており、市民にとっては何も変わらないのである。

もともと、日本にあっては、一般的には村や区よりも国・都道府県など、より大きな広がりを上に見、重視しがちである。しかし、逆に新居は単位としては国や都道府県よりも、村や区を重視した。村や区こそ最も大切で基礎となる単位・地域と見た。市民が実際に足場を置き、生活もし、それだけに、参加もできる最小単位の村や区が良くならなければ、また市民が主役となるほどに民主化しなければ、国も社会も、地域・市民の暮らしも、良くはならないと考えていた。

戦後すぐの区長選挙に立候補する前に、新居のもとには、参議院議員や都知事への出馬の要請も来た。その際、よく考えた末に、彼は国会議員や都知事の話は結局相手にしなかった。首相や大臣よりも、また国会議員よりも、村長や区長、それに村会議員や区会議員の方が大事であり、出馬するなら村長・区長、あるいは村会議員・区会議員しか考えられなかったからである。そこにこそ、徹底した市民本位の民主化、公平・平等な暮らしの向上が可能であった。それが実現してこそ、市民の理想・夢の実現が出来、どこにも負けないまちづくりが構想、実現されるとしたのである。

新居の生き方や思想の土台・基底にあるアナキズムは、権力の拒否と個の自由・尊重を基本とする。地方自治論も、地方行政論も、またまちづくりも、それを出発点にするものであった。彼の言う市民本位の行政・自治・まちづくり、そしてそこでの市民の参加・民主化とは、まさにこの権力・権威の排除と個の尊重・最小自治の重視が徹底して進められる社会に実現されるものであった。

そこにこそ、新居は、市民本位・市民が主役の社会が実現すると考えた。それほどに強い信念に基づく最小単位の村や区の自治の尊重と民主化の徹底があってこそ、本物のまちづくり・暮らしづくりが進められるのである。まさに本物のまちづくりこそ、新居が追究した姿に他ならなかった。

3　生活協同組合運動および日本文芸家協会と日本ペン・クラブの先駆者

(1) 生活協同組合運動の先駆者

第二は、新居は生活協同組合運動と、日本文芸家協会および日本ペン・クラブ再建の貢献者でもあったことである。

まず生活協同組合運動のことであるが、一九二〇年代の後半から新居は消費組合に興味をひかれ、実際に関わりだした。以後変わらず消費組合運動、さらに生活協同組合運動に関わり続ける。戦前のみか、太平洋戦争後に至っても、その認識は変わらなかった。しかも行動においても戦前も戦後も変わらなかった。

新居は生活協同組合の文献に触れ、かつ明治以来の日本における活動にも学んだ。また親近感を示しだしたアナキズムなり、自由連合主義なりの思想・理論から見ても、生活協同組合は受け入れられるものであった。

例えば、生活協同組合は、株式・株主や資本家を必要としない。大切なのは組合員である。その組合員と家族の生活を維持・改善し、かつその安定に努めることになる。組合員は一人ひとりが等しく尊重され、対等に扱われる。経営は当然重視されるが、営利第一主義はとらない。地域や地域の同業者を排除や駆逐する姿勢にも立たない。地域や住民や同業者とも敵対するのではなく、地域を大切にし、相互扶助の精神で協力すべきは協力する。

新居はそのような理念・方法でどの組合員とも対等に協力し合って現場で活動した。一緒に汗をかきあう中で、みんなから余人をもって代えがたい存在と評価され、理事長を委嘱され続けたのである。

そういった生活協同組合の理念や方式やあり方、また方向性や将来展望が新居の思想と合致していた。自分たちの暮らしを地域住民と力を合わせ、生活協同組合方式によって支え合うことが最高と考えることができた。

その際、新居の考える生活協同組合は、小地域・周辺地域を基礎に考え、その小地域の自治や連帯を出発点に活動するものであった。地域や社会では、一人ひとりの市民が人間も個性も公平に認められるように、各々の地域も先ず小地域の自立・安定を保障されることが大切と考えた。その小地域で組合員がまとまり、一人ひとりが尊重しあいつつ、組織と活動を展開する。そこで安定と足場が固まれば、さらにその周囲の他の生活協同組合と対等に連帯・連合する。

そのような原則や方式こそ、生活協同組合に相応しいあり方と、新居は考えた。実際にも、新居たちの戦前、および戦後の生活協同組合運動は、足元の小地域の組織化・安定化から出発していた。

新居が最初に生活協同組合に関わったのは一九二〇年代が後半に入った時であった。昭和初年である。自らの住居のあった杉並で、主に中央線の沿線から手をつけていった。

まず西郊共働社の創設から始まった。新居はその最初の生活協同組合では理事長に任命され、引き受けた。その小地域の生活協同組合活動が成功すると、次には周辺の生活協同組合と連帯する。西郊消費組合の成立であった。新居はそこでも理事長に任命された。

新居は周囲の人たちからは組織的活動やそのリーダーには不向きと勝手に見られていた。新聞記者時代でさえ、一匹狼的に振舞い、関東大震災後は新聞社を解雇され、独立した生活に入るので、まわりからはそう決めつけられがちであった。しかし、新居は生活協同組合の理事長職を特に問題なくこなし、勤め通した。

ところが、戦火の拡大、戦局の悪化は、地域の生活協同組合に自由な活動を許さず、戦時の統制政策の下で、労働組合などと共に生活協同組合は解散を余儀なくされる。実質的にも、生活協同組合は食料品をはじめ、物資不足で組合員の生活の維持も保障も困難になっていた。ただ、そのように活動が困難になった生活協同組合そのものは、新居たちは解散の手続きをせずに、残したままとした。それが思いがけず、生活協同組合が戦後に至って早々に生き返ることになっていく。

戦争が終わってみると、東京や横浜など大都市は空襲で崩壊・混迷状態であった。国民の生活もその日暮らしで、無秩序、不安定・不安を極めていた。米よこせ運動、食糧メーデーも実施された。

杉並に戻った新居は、原稿執筆の機会が旺盛になり、細々とながら、何とか生活が軌道に乗り出した。そんな中で、地域のものと連絡が取れだすと、かつての生活協同組合仲間が、協同組合の復活を訴えだした。

それに応えて、新居もその動きに乗り、協同組合の結成に関わることになった，そこで、多くの者は新設ではなく、戦前の組織の復活案が多数で、かつての組合の再開ということに決まった。その際、新居は戦前のまま、引き継ぐように理事長の要職を任された。新居も新たな気持ちで取り組んでいたため、断れずに理事長の役を引き受けた。まだ労働者や市民の生活条件も極めて低劣・不安定で、現在に比べても市民が生活協同組合に期待するところ大であった。

新居の場合、生活協同組合との関わりで留意されてよい点は、理論面・思想面のみでなく、実践にも関わり、運営・経営の苦労も組合員と共に味わったことである。そこに新居の生き方や思想に合った協同組合への関心の強さがうかがえよう。

同時にそこに、彼はたんなる文筆家や観念・理念のみの思想家で通したのではなく、市民生活の改善のために現場や実践に運動家・実践家としても関わろうとした姿勢もよくうかがえよう。その際、新居が最高責任者である理事長に昔のまま就任していることが、興味をひく。理事長への推挙を新居は抵抗する様子もなく、割合すんなりと受けている。そして特に負担に感じる様子もなく業務をこなしている。

新居にとっては、理事長や社長など最高経営責任者の地位・役職に就くのはどうでもよいことであった。理事長になろうと、一組合員でいようと、対等であり、考えること、負う責任の重さは同じという気持ちであった。決して理事長だから責任が重いとばかり考えなかった。もちろん役職を形式的に嫌うのではなく、その仕事の重要性から組織や運動に関わる以上、責任を負う覚悟もできていたのである。

新居にあっては、理事長や会長だからと、威張ることはもちろん、上下関係で一番上とか、権威・権力を振える立場などという発想や認識は全くなかった。そこが新居らしく、理事長をそんなに権威があったり、上に立つ地位などと考えもしなかったので、アナキストが理事長になるのはおかしいといった批判などはどうでもよいことであった。

なお、新居は生活協同組合について、概説的なこと、理論的なこと、あるいは体験的なことをいくつか書き残している。本書でも、他で触れているように、論文、エッセー以外にも、独立したパンフレットも二冊残している。

そこに新居の生き方、また生活協同組合への関心の強さがうかがえよう。同時にそこに、彼はたんなる文筆家や観念・理念のみの思想家で通したのではなく、現場や実践に一運動家・一実践家としても関わろうとした姿勢もよくうかがえよう。

(2) 日本文芸家協会および日本ペン・クラブの再建と再出発

次に、日本文芸家協会および日本ペン・クラブの戦後における再出発と新居の役割について触れてみよう。

新居は、日本文芸家協会および日本ペン・クラブに集まる者たちのように、自らの生活の糧になる執筆活動を重視した。当然のごとく、その基になるペンの力を大切にした。にもかかわらず、彼は、後になって考えれば、戦前はその力を必ずしも重視したとは言えなかった。準戦時、引き続く戦時体制に入るにつれて、ペンの力が弱まり、ついにはそれが力を失ってしまうのである。

その時、新居は遅まきながら全く一人であることを味わった。権力の力の大きさを前に、一人の力ではどうすることもできなかった。一人で組織としての日本文芸家協会や日本ペン・クラブなどの無力さを思い知らされた。

新居は戦前のこのような失敗を痛感した。書く文章が生活に関係なく、単なる作文に過ぎなかったら、そういうこともなかったであろう。少なくとも一つひとつの文章は、いい加減なものはなかった。一見軽いものがあったにしろ、どの一つも生活に関係のないものはなかったからである。一つひとつを彼は自分の筆の力を信用して書きあげていた。しかし、それが権力の前に出ると、いかにももろかったのである。

新居はそのような弱さを思い知らされた。戦前はもちろん、戦後に至り、そのことを誰よりも強く感じた。作家あるいは翻訳家等の日本文芸家協会、および新聞記者や物書き等の日本ペン・クラブの再建にあたっては、他の誰よりもそのことを強く認識していた。彼はどのアナキストよりも、またどの作家達よりも、この点に関しては負けていなかった。戦前はもちろん、戦後も、彼は何をするにも一人であった。この種の問題で何かを実行しようとしても、アナキスト仲間でこのような仕事をする人はまずめったにいなかった。結局一人で何もかも取り組まざるをえなかったのである。

日本文芸家協会や日本ペン・クラブに関する戦後すぐの仕事は、彼一人のものであった。誰かの真似でもなければ、また他の誰かの先を行くというものでもなかった。ただ彼個人の選択であり、彼個人の進んで選んだ道だった。誰か友人・知人の知り合いがいて、推薦するというものでもなかった。

新居は党や組織の保護や彼自身の仲間意識とは無関係な地位にいた。彼が日本文芸家協会や日本ペン・クラブ等の役職に就いたのも、全く一人の判断によるものだった。そのことは誰にも良く分かった。誰か他に仲間がいて、彼にその仕事を頼んだというものでもなかった。それがまた事実であり、むしろ他のものに安心感を与えた。

実際に、戦前の彼の仕事を見ると、確かにまず翻訳などでは彼は他の者に秀でていた。著作でも、一貫して著書を出し続け、終戦近くまで権力と対峙しつつ、細々とであるが顔を出していた。それらはぎりぎり戦争末期まで作家としての生命を持つものであった。そのため戦時下にも存在を主張しうるものであった。それが新居を戦後になってもすぐに自由に動くことを可能にしたのであった。

しかし、新居の戦後の自由な執筆活動は思ったほど長くは続かなかった。彼の戦後すぐの杉並区長への進出とその後の健康の悪化は、日本文芸家協会や日本ペン・クラブなどの仕事をそれ以上続けることを困難にした。

彼が杉並区長を中途で辞職した頃は、日本文芸家協会や日本ペン・クラブ等は依然として健全であった。しかし、彼は病気の上、彼が杉並区長になる以前に経験した役職はすでに他の者が占めていた。彼が組織の一員としてではなく、ただ独りで考え、行動した当然の結果でもあった。

新居はほどなく生命を終え、残念ながら日本文芸家協会や日本ペン・クラブ等の役職とは全く無縁になってしまう。

4　科学・哲学の日常化・市民化に努めた街の生活者

(1)「街の生活者」で通したこと

第三に、新居は、科学・哲学の日常化・市民化に努めた街の生活者であったことである。どんなに厳しく押し寄せて来る軍国化・聖戦遂行の潮流にものみ込まれず、まちの、裏通りの、長屋の、いわば市井の普通の市民の普通の暮らし・出来事を市民の目で見、それらを享受し、表現する「街の生活者」で通そうとした点である。街の生活者は、地位や肩書などはどうでもよく、欲しがりもしないし、誰が何か大きな地位・役職に就こうと興味もなかったのである。

そんな新居にも、めぐりあわせで、理事長などの役職が回ってきた。まわってくれば殊更強く断ることはせずに引き受けることもあった。理事長等というものがことさら偉い者だとかはどうでもいいことであった。だから、それで威張るわけでも、得意になるわけでもなかったのである。

実は、新居自身自らを「街の人」あるいは「市井人」(新居格『街の哲学』青年書房、一九四〇年)と呼んでおり、「街の生活者」の認識を持っていた。「街の人」とは地位やオカネとは遠く、また有名人などではなく、移動するのに護衛が付いたり、新聞記者がついたりするような人ではない。どこからも誰からも監視されることなく、過剰に保護されることもない。自由に行動できる人である。つまりごく普通の市井の市民のことである。

新居は、「自由市民」と言う用語も使っている。「われわれが真に親しむべき人間があるとすればそれは叡智のある市民(村なら村民だが)である」(新居格「自由市民論」『風に流れる』新時代社、一九三〇年)。それが街の人・市井人なのである。市井や街の良さは知識人を含め、雑多な人が上下なく等しく生を楽しんでいることである。新居が一般的には嫌いで、愚劣とまで言うこともある官吏にもまともなものがいて、官吏を辞めて市井の生活を楽しんでいるものがいる。周りも元官吏などと言うことは忘れて、対等に付き合っている。

「知識人が市井の巷に溶け込むことは良きことである。彼等の知識と趣味とは市井の空気を柔らげるし、市井の巷に塵埃溜《ごみため》のやうに存する不合理にたいしては、手近いところから、彼等は抗議し叛逆しうるからである」（新居格前掲「自由市民論」『風に流れる』）。特に昭和初期は、知識人失業者があふれていた。それだけに、彼らが市井に溶け込むことは面白いとも考えていた。

それだけに、新居によれば市井・街には常識も品格も備わっている。街の人にはそれだけの自由もあるが、実は品性・経験の面でも豊かな人が多い。その街の人・市井人を彼は大いに楽しんでいる。肩書や地位や名声などは彼にとっては、どうでもよかった。肩書・役職を批判する人は、意外にそれを気にする人であり、時にはそれを欲しがっている人の場合が少なくない。新居は本当にどうでも良かったのである。

「おお、偉大なる英雄が街頭を闊歩する。それが指さされたところで、それが何であらう。ニュース・リールに出てくる英雄が世界の映画ファンの眼を楽しませることが何であらう。それを観る若者たちは、その親しい友人と帰りの喫茶店でまづい筈の珈琲をのむ方がもつと生活の実感があるのに違ひない。」（新居格『街の哲学』青年書房、一九四〇年）

新居は、「人生を質で見ることは、明らかに世紀の傾向ではなくなつた」だけに、肩書や名声に寄りかかる、中身・質のない虚名人などを相手にせず、市井人の生活こそ大切にしなくてはならないと考えた。貴族性と言うのは、貴族や高い地位にあるものに自然にそなわっているものではない。「市井人のなかに存在するエスプリを貴族性として認識する動向が起こらなければ嘘である」（同上）というのである。

新居にとっては、市井人の生活、市井人・まちの哲学が社会的規範・市民の規範になるにはまだ、厳しい戦時下であり、時間を要するが、市井人の生活は楽しく朗らかであり、海よりも広く希望がある、必ずそういう時代がやって来るというのである。

新居は、新聞記者、評論家、作家、翻訳家、思想家、研究者などいろいろの側面をもっていたが、いずれもインテリゲンチャと見られる仕事である。しかし、戦前にあっては、新聞記者でも、文筆家でも、翻訳家でも、一般的には収入はそう大きなものではなかった。収入を得るための大切な自分の仕事に必要な本だと、思う存分買うなどということは夢の話であった。飲む付き合いを全て受けていたら、すぐに経済的にはピンチになった。むしろお金がなくて飲み会に付き合えないこと、観たい芝居や映画も見送らざるを得ないことの方が多かったくらいである。

そんな現実に、外見をインテリなどと飾ったり、肩書を誇ったりするよりも、どんな生き方をするときも、地位も肩書にこだわらない街の人で通そうとした。区長になった時も、杉並のトップなどという気持はサラサラなく、末端の職員とも同等の職員・街の人という気持・姿勢を変えるつもりはなかった。

新居は「わたしは形容詞のない人間《ノンタイトルド・マン》であることが理想である。つまり、市井の人として終始することだ。わたしは、無名の市民として市民の中に溶け込んで一生涯を送りたいのだ」（新居格前掲『杉並区長日記』）とも語っている。「形容詞のない人間」を「ノンタイトルド・マン」とフリガナを振っているように、地位や肩書などはどうでもよいと考えていた。そんなものはなければ一番良いが、たまたまそんなものを負わされることになっても、無理やり断ることはせず、そうかといってそれで威張るとか、得意になることもなかった。

地位や肩書などあろうとなかろうと、新居は態度や姿勢を変えることはなかった。区長も理事長も受けたが、そんな肩書はあるから使うものの、有難くもなく、どうでもよいと言う態度で通したのである。まさに市民化の姿であり、その先に科学を考えていたのである。

(2) 科学・哲学の日常化・市民化

新居格の街の生活者の姿勢・生き方に通じるのが、科学や哲学に対する彼の認識・取り組み方であった。

新居は、科学や哲学が高等・高尚で、一般市民には手の届かぬものという認識は受け入れなかった。たしかに、科学も哲学も高等・高尚であるかもしれないが、市井の市民の暮らしと無縁なところで展開されるあり方を良しとはしなかった。市井や街には意外に論理や筋が通り、科学的なのである、そのため、科学と哲学の日常化・市民化を意識してすすめる必要を痛感したのである。それも新居の社会的貢献の一つであった。

このように、新居は、科学や哲学が科学者や哲学者の専有で、市民には無縁のものという認識を超えていた。科学や哲学には高度で一般市民には手の届かぬものもあるが、全てがそうなのではない。市民生活の中にも科学や哲学があり、基本的には科学も哲学も市民のもの、みんなのものであり、日常的なものというのが新居の認識であった。

日常のこと、市井のありふれたことでも、新居にとっては筋道や理論や科学と無縁ではない。新しい視点、新しい目で観察すれば、誰でもまちの科学者・哲学者になれ、その目で新しい発見、観察、解釈、また新しい位置付け・理論付けができる。そうなれば、市井の市民も科学者・哲学者といえるのである。

かくして、科学や哲学というものが決して市民とは無縁のものではないので、新居は科学や哲学を、市民にそれぞれの身近に引き寄せることを教えた。彼の考える街の科学者・哲学者は、「街の人」「街の生活者」の認識の延長上にある存在と言ってよいのである。

ともかく、新居はいつ、いかなる時も、まちの普通の人と同じ生活者の視点で物事を見、考え、道筋も考えるようにしていた。庶民・普通の市民に相応しい普通さ・平凡なあり方、そして全ての市民が共有する生活という用語も大好きで、よく使いもした。使うだけに、その市井の生活を温かく見守り、その改善・向上にも強い関心を寄せていた。新居のまちづくりも、一部のもののためではなく、市井の普通の市民である街の人が享受できるまちづくりであったのである。

ただ、新居は、その平和で穏やかなはずの市井・街に論理性・科学性のない言い訳で一方的に抑え込む形で、戦争の進行と共に官庁や軍部が入り込んでくる危険性を、読み取っていた。

この点に関連して、看過してはならないのは、市井人の姿勢、市井の哲学が市民を犠牲にする戦争、特に悪化する戦況・時流には合わないもの、相応しくないものと、官憲が気づけば、場合によると弾圧される危険性もあることを、新居が密かに危惧していた点である。聖戦の遂行・賛美に声を大にして呼応・協力するのが当然の時代に、それとは歯車のあわないごく平凡で、穏やかな市井・市民の生活にこだわるのは、誰でもできることではなかったのである。

新居は遠まわしにそっと言っていた。


「現世紀は、強烈なリキウルである。時代の刺激は強く、興奮は渦巻き、行進曲は高く鳴る。群衆劇の体勢であり、統制と指令とのバンドで物みなが動いてゐる。

市井人たちもそれによつて動いてゐる。しかし、市井の哲学はそれとは自から別である。街の哲学はポケットに入れて置け、そんなものを見てゐるのは怠慢であるとも云はれさうだ。」（新居格前掲『街の哲学』）

自ら位置し、楽しみ、かつ観察する市井・街の暮らしや哲学は、軍国下の時流に合わないと見られる危険性があるので、それには近づかない方がよいと、そっと言っているのである。このように読者には近づくなと言いつつ、自らは最後まで街の生活者の生き方は変えなかった。それは人間、特に若者を軽視・犠牲にする聖戦遂行の時流への抵抗でもあったからである。

それだけに、街の生活者、市井人、その哲学の提唱と享受は、単に安全地帯に逃避しているのではなく、危険を覚悟しつつの静かな抵抗の一面もあったのである。市民派を表明すること、市井にこだわることで、危険にさらされる危険性がゼロでないことは、新居が見通していた通りである。それは、さすがであった。

その危険性を覚悟しながらも、新居は、戦時下における自らの姿勢を守り、かつ時流への不満、さらに抵抗を試みる方法として、戦争とは遠い市井の普通の市民の生活に目を向けた。それは他の誰にでもできることではなく、新居ならではの対応で、看過してはならない生き方であろう。

5　生活や文章において色彩を享受したこと

(1)　色彩に特に惹かれたこと

第四に、新居格は自然の情景や動き、生活のあり方や事象、またそれらに対する観察などを色彩で表現することで、文章や表現に、また読者の気持や生活に潤いを与えたことがある。他にはそう見られない新居らしい文章創りの個性・特徴であり、それだけに無視してはならないあり方である。

この点は、新居の文章を読んでいると、自然に伝わってくる。よく注意して読まないと、気づかないとか、味わえないといったものではない。この特徴は、一見して次の第五の特徴として挙げる新語創り・造語の面白さに通じている。どちらも、同じように人工的な作為を感じさせないで、自然に綴られるので、特に気づかないこともあるくらいで、文章や表現を味わい深い豊かなものにしているのである。

それでいて、この特徴は気にしだすと、思わず新居らしいと、引きつけられる。くり返されても、自然の動きや情景、また地域や人々の生活や事象の観察・説明・表現に際して、色彩をもって形容・修飾する文章作法は魅力的である。そのことが、新居の場合、しばしば顔を出しても意図的に無理にでも色彩を盛り込むというのではなく、自然な色彩感覚の表現になっているので、読んでいても、ごく自然に受け止められる。

実際に、新居は自然や景観、まちや通り、生活や住まい、人々の生き方や事象、自らの気持の表現に関する認識・受容の方法として色彩を効果的に使って表現・文章を織り上げていく。それだけ、新居は、日常生活でも色彩に敏感なのであろうが、色で人間とその暮らしや事象、情景や自然を表現することが得意である。作為や人工性を感じさせないで、読者に自然に伝わるのは、極めて個性的であると同時に、秀でた手法である。

彼がわざわざ色彩で説明・表現するように無理をしているのであれば、読者には必ずしも快適に受け止められないはずである。文章の流れ・表現が自然に色彩を浮き彫りにするようにまとめられているのである。

もっとも、最初から新居の文章・表現に色彩的表現が際立っていたわけではない。新聞記者時代にまとめた最初の著書『左傾思潮』を見れば、同書は社会思想や運動の評論や解説が中心であり、自然や生活を観察、表現するものではない。そのためもあって、色彩感覚や表現で特に引きつけるほどのものはない。

もちろん、他の著者とは違い、新居のその著書からも、色彩感覚や表現の芽はうかがえる。この点は、本書ですでに触れたとおりである。現に、同時代にも、「プロレタリア階級の著作目録の第一巻とは憎悪の哲学を確立することである、だが、これまでの思想や評論のどれに毒々しいほどの憎悪の黒い色彩があつたか」（新居格「断面」『民衆の意志』第二号、一九二一年一二月）なども、良く考えるとおかしいと思えるのだが、初期の頃の新居らしい色彩表現の例である。

（2）具体的な色彩の事例

その後、新居の文章には、色彩をうまく使う文章が目立っていく。新居の最初の創作集で短編を集めた『月夜の喫煙』（解放社、一九二六年）に至ると、さすがに色彩的表現、その美しさが方々に散りばめられている。一方で社会主義者、階級戦、ニヒリストなどの用語がよく登場するが、他方で色彩感覚の鮮やかな文章も目立つようになる。

例えば、その『月夜の喫煙』の一篇「午後四時」の書き出しは、次の通りである。

「青い青い海のいろだつた。晴れた日の太陽の光線がその海の水を照射してゐたので、透き通るやうに、綺麗な青玉石《サファイア》の色であつた。そこはどこであるのか、さつぱり見当がつかなかつたがそのなかで乳色の肌をした裸形の女性達が泳いでゐた。」

もう一つ、同書から引用してみよう。

「解きほぐした黒髪を海藻のやうに枕の上に無造作に流してゐたが、眉にも、眼の縁にも西洋風のお化粧だけは不断のやうにキチンとして、頬にはほの赤く紅白粉をつけ、唇には臙脂を濃く施こして居た。病める薔薇の感じである。そして枕頭には今迄読んでゐたのであらう、月見草の色をした表紙の仏蘭西詩集が置かれてあつた。」

昭和に入って一九三〇年代になると、色彩表現が円熟していく。やや長くなるが、一九三一年刊行の『街の抛物線』（尖端社）に収録された高等学校時代に過ごした鹿児島に出かけた折に、書いた文章を見てみよう。

「海は入江、その水の色は明るいブリゥで。その上に快走艇が走り、雪白の、または、真赤の三角帆が海の色によき調和をして浮ぶのである。さうした町、南に向つて日溜になつた町、その町の傾斜の上層が螺旋形になつたアスファルトの坦道で、尾道をドライブしながら清麗な町の屋根、バルコニー、屋上庭園と、窓と、窓にかけた種々の色の窓掛けとを見、また、海と、両腕のやうに突き出た岬、入江に浮ぶ船とを眺める。」

その『街の抛物線』に収録された「幻想の切つぱなし」の書き出しは「水いろ、緑、そして白、その三色が夏には望ましい」であるが、簡潔に新居の色彩感覚の特色をうかがわせる。それに続いて、夏のコッテージなど多様な色彩を織り込んだ文章が続く。

他にも、評論や著書のタイトルにまで「冬の明色」「近代艶色」（前掲『街の抛物線』所収）や『近代明色』（中央公論社、一九二九年）などという色合い・色彩を感じさせるタイトルのエッセーや著作があるほどである。

その「冬の明色」を見ると、「試みに銀座。……冬だから大抵の男は黒いいろの外套を着てゐる。だが観察する二階の瞳は黒の外套を黒い陰影が動くやうに見ないで、却つてそれと並行し、前後してゆく女たちの服装が冬にはほかの季節よりも遥に明るいものだと受取るのである。ちょうど黒天が絨の上に置いたルビーのやうな対象を感じるのである。……コバルト色の空をクリインカットして聳立する富士山はカトリックの美貌な尼僧のやうに清麗に見えた。まだ朝の清新な匂の失せせない太陽の光線がヒビスクスの花のやうにつやつやした薄紅色を投げかけてゐた」などと表現されている。

戦時下に入っても、色彩をうまく文章に織り込む手法は容易には消えない。特に大好きな北海道の叙述になると、新居は、心が鮮やかに湧きたってくる感じになる。例えば、函館から大沼を超えると、次のように描かれる。

「わたしの眼には落葉松の鮮緑な葉が美しかつた。それが鉄道防雪林となつてゐる景観は堪らなくよかつたし、白樺の幹が朝日の新しい光を受けてゐるのもよかつた。北海道に生まれた人たちは別に強い刺激もなからうが、四国のやうな南国に生まれたわたしには一帯の風物が兎角フレッシュであり、それに桃李桜梅一時に咲くといつた季節だつたので幸ひだつた。桜桃、林檎、巴旦杏などの花が満開だつたり、まだ梢に残つてゐたりして、沿線の風色を彩つてゐたからである。」（新居格前掲『街の哲学』）

また戦前最後の著書『心の日曜日』にも、「小野塚博士の小日向台町の邸宅は、如何にも学者の住居らしい清白さをもつてゐた。その玄関脇の応接間の窓掛は爽やかな淡色であつた、そして椅子、ソファ、テーブルは雪白の卓布で蔽はれてゐた」（新居格前掲『心の日曜日』）など、いろいろと色彩をよく活かした文章例がみられる。

この色彩感覚のほど良さは、戦後に至っても変わらない。戦後の早い時期の著書『心の暦日』（川崎出版社、一九四七年）を見ると、その冒頭でいきなり次のような文章に触れることになる。やや長いが、新居らしいので引用する。

「季節といふものは、季節それぞれの色合をもつて、思ひ出なり、想像なりを絡ませ、旅の誘ひをするものである。

五月も末ともなれば、北海道の季節が、わたしの心を手招きする。その頃、曾てそこで見たちよつとした情景でもがわたしにとつては、すぐれた小品の絵画となるのである。例へば、札幌の街で五月の末に見たリラの花、また宿の庭で見た、いたや楓の若葉などがどんなにわたしの瞳に好ましい感触であつたか。……

わたしは、晩春初夏の北海道をこの上もなく愛する。桜、梅、桃、李、それに林檎の花、桜桃の花が一時に咲く、といつたあの景観は、萬華鏡のやうに華やかに映つて美しい。それから落葉松のあの目の覚めるやうな針状の若葉の美しさ、その間にあつて、白樺の樹皮の白さが、樹々のみどりとよき対照をしてゐるのも好ましい印象である。」

戦後の活動の総決算にもなる『区長日記』を見ると、戦後の自由奔放な主張や活動と共に、色彩感覚・表現も際立つほどであることを教えられる。「文化は雪の如く白し」、「すみずみまで近代的舗装路が白く流れて」いる光景と色彩がよくうかがえる。

新居はいくつもの特徴・個性を持っていたが、この色彩を享受する感覚の鋭さも忘れてはならないであろう。

6　市民の目線・発想になる新語をよく創ったこと

第五に、時代状況を的確にとらえ、市民にアピールする新語創りに新居格が秀でていたことがある。実際に、新しい発想・表現に基づき、時代の状況や特色をうまくとらえる新語づくり・造語がうまかった。自らの生活に、また文章や表現に、もう一つの潤いを与え、かつ市民の暮らしにも緊張を解き、明るさやゆとりを与える役割を演じたのである。

大宅壮一などが好む取り組み・方法と言ってよいが、実際に、新居のこのような言動・取り組みには、大宅も学ぶところがあったはずである。

新居は、流行に流されたり、派手で、やたらに目立ったりする言動・表現は、好きでなかった。戦時下の熱狂的な戦争遂行、特攻、全滅といった上からの叫びにも、通常調子を合わせることはしなかった。著作や著書のタイトルをつけるのも、同じ発想・目線に立っていた。新居は「わたしは非妥協的で、条理に徹するが、言葉はどこまでも物柔らかでありたい。天鵞絨《ビロード》のような言葉」(新居格前掲『杉並区長日記』)を心掛け、実際に見た瞬間、派手に受け止められるようなものは嫌った。自然で、手触りがよく、穏やかな言葉を愛用した。この「天鵞絨のような言葉」も新居らしい新しい用法である。

このように、確かに新居は新しい動向、流行、現象、運動などから、その大事な点・本質を的確に読み取り、浮き彫りにするような簡潔な表現で、新語やキャッチフレーズを作る才能があった。「左傾」「左傾思潮」「モダン・ボーイ」「モダン・ガール」、「モボ・モガ」、「マルクス・ボーイ」、「ブロークン・ガァール」（ブロークン・イングリッシュの転用。論理性・一貫性よりも思い付いたことを即実行したり、完成よりも未完成に近い言動をする女性などに使用）、「ステッキ・ガール」、「興論結婚」、「ユモラス・ギロッチン」（自らの解雇を称して）、「エキストラ文士」、あるいは「スタンプマシン」（区長など首長の役割）、さらには「文化は道路から」などである。

新居の最初の著書がその新語を生かした『左傾思潮』（文泉堂書店、一九二一年）であったこと、社会主義思想や左翼思想よりはありふれておらず、新鮮に映る効果があった。このことはすでに触れた。

新居が新語を創るのは、必ずしもその対象に対して批判や非難、皮肉や見下した気持を込める意味からではない。多少の危なっかしさを感じつつも、むしろ、世間の先を行ったり、一般市民を超える言動をなすものへの、多少の驚きや関心を示したものである。それらの動向を短く呼びやすい言葉で表現するので、世間も市民も興味を見せるし、共感もしてくれたのである。

新居は新語創りに合わせて、著書のタイトルの命名もうまかった。うまかったというよりも、ごく自然に日常の新しさにタイトルをすり合わせるものであった。軍国化や聖戦支援的に時代や潮流に迎合したりすることなく、むしろけっして大袈裟ではなく、またケバケバしくなく、身近な問題・動向にさりげなく、ごく普通に対応するのである。それだけに、誰にも興味をもって、しかし無理にではなく、普通の形で受け止められる。さわやかな感覚・印象、面白さや楽しさ、さらに落ち着きも与えてくれる。それらがいつの間にか、時代を超えて生きることにもなるのであった。

彼の代表的な業績の一つである多くの著書のタイトルを見ても、そのことを象徴的に示してくれる。戦前では『月夜の喫煙』『季節の登場者』『街の抛物線』『生活の錆』『女性点描』『風に流れる』『生活の窓ひらく』『街の哲学』『野雀は語る』『心のひびき』『心の日曜日』。戦後では『心の暦日』『市井人の哲学』などのどれもごく身近な生活や動向を受け止めた標題なのである。どこにも、時代への安易な同調も、人間性無視の肯定も、派手に目に付くような戦争協力の姿勢・訴えもうかがえない。

そこには、戦争・戦場とは遠い市井の市民の生活とその周辺のことを静かに、穏やかに表現していた。そうすることで、戦時下でも高潮する軍事優先と人間否定の時流に対して、意識してではないが、結果として鎮静化・抑制を図る役割を演じたのである。新居らしい忘れてはならない役割である。

そのように、弾圧が厳しく、軍国化・戦争への深入り、政治・軍部の一方的で専横な指導・方針に対しては、批判を口にできない状況であった。批判・反対の姿勢・気持をそうとみせないで、悪化する聖戦、軍部の絶対化、天皇の神格化から目を逸らし、人間らしく、慎ましく生きる市民の日常にこそ、目を向けさせる才覚・知略も発揮できたのである。

夢、希望、平和、安全・安心、民主主義、科学性の尊重、人間らしさといったものが、遠くに追いやられた逆コースの時代に、そのように文章を通じて普通の市民の生活に少しでも目を向けさせ、それを大切にするよう静かに訴える才覚も、新語創りの巧みさに通じるものである。

日常的でごく平凡な市井とそこでの市民生活にさえ、一瞬だけでも目を向けることは、その間、人間が殺し合う戦争から距離を置かせることである。それは必ずしも意図的に仕組まれたものではなかった。しかし、それによって大切な若者の生命をないがしろにする非人間的な戦争を無視させ、ほんの僅かでも穏やかさ・安らぎの時間を与えることになった。その点で、新居が戦時下の市井・市民の生活を大切にすることで、時流に抵抗することは、思わぬ結果であれ、役割は小さくはなかったのである。

7　アナキズムに拘りつつ、その日常化に努める――『幸徳秋水全集』刊行の貢献者

(1)　アナキストやアナキズムを市民の身近な存在に

第六に、大杉栄亡きあとのアナキズム陣営の運動、そして機関紙・誌を支える役割を、新居格は小川未明、石川三四郎、加藤一夫、岩佐作太郎、八太舟三、近藤憲二らと共に演じる。特にその上、新居はアナキズムの大衆化・日常化に寄与している。

穏やかで視野の広い新居が、一方で普通の街の人、市井人を名乗り、他方でアナキストを名

乗って、アナキズムに関することを書いた。市井の日常の事象・現象にもアナキズムの視点で目を向けることで、一般市民にもアナキズムを身近に、普通のことと受け止めさせる役割を果たすことになったのである。

戦前において、小川未明、相馬御風ら実に多くの人がアナキズムについてある時期擁護に回ったことは十分配慮する必要がある。新居もその一人であるが、彼はアナキズムをごく自然に受け止めていた。自らの体中の一部のように守ろうとした。

アナキズムというと、危険なもの、普通の人は近づけないものという印象を与えることもあった。しかるに、新居の周辺には、アナキズムと正反対のことどもが当たり前のように展開されていた。彼は、東京帝大教授の河合栄治郎や和辻哲郎とは同期であり、小野塚喜平次や吉野作造らは恩師であった。また彼は、賀川豊彦とは従兄弟の近しい関係にあった。ところが、そんな広いつながりや視野に立つ新居が引きつけられる思想が、アナキズムなのだと印象づける意味・役割は小さくなかったはずである。

また、新居はアナキズムを固定した枠の中でしか考えないのではなく、その枠を解き放ち、自由に考えるようにした。従来のアナキズムでは否定される政治にも選挙にも挑戦してみた。新居自身アナキスト、それも「平凡なアナキスト」を自称しつつ、また時には自他共にサロン・アナキストを認めつつ、アナキスト・アナキズムを超えていたのである。

実は『区長日記』こそ、新居のアナキズム論・自由人論として、新居的なアナキズムの発想や認識や主張が満載されたものなのである。

そんな多様・多彩なつながり・付き合いを持ち、自由に発想し、行動する新居が、自然に普通の姿勢でアナキズムを受け入れ、主張することがある。読者、ひいては市民にアナキズムを思ったより広く柔軟なもの、あるいは近づきやすいものといった印象を与えることに役立つのである。

新居は、関東大震災後も『原始』『黒旗』（新聞版）『文芸批評』『悪い仲間』『文芸ビルデング』『矛盾』『社会理想』『黒色文芸』『リベルテール』『みどり』『黒色戦線』『自由を我等に』等に執筆・協力している。そのように、請われればアナキズム系の機関紙・誌にも、また近いものにも筆を執って協力した。

特に一九三三年という難しい時代に刊行された『自由を我等に』では、中心になった青年アナキストたちの意気に感じた。例えば、編集代表の役を引き受け、表紙にも「新居格編輯」が打ち出されたように、全面的に協力している。

またクロポトキン全集やバクーニン全集にも、よく協力した。特にバクーニン全集は、若いアナキストたちが企画し、翻訳して、世に送り出したものである。若者たちは新居を表に出すことで、出版社に資金を出してもらい、原稿料を配分できるようにし、また官憲に対しては新居を弾圧の防波堤に使ったのである。

アナキズム関係における、新居のより具体的な貢献として、どうしても忘れられないのが、戦前に発行された、幻の存在状況ともなっている幸徳秋水の著作集、さらには全集の刊行に縁の下の力持ちの役割を演じたことがある。

(2)最初の『幸徳秋水全集』の刊行に貢献したこと

日本アナキズム(運動)への貢献としては、現在は超稀覯本となっている日本最初の『幸徳秋水(傳次郎)全集』の刊行に、新居が主役の山崎今朝弥を助け、明白に協力・貢献したことがある。

これを、たかが幸徳全集の刊行と軽く見ることはできない。弾圧の厳しい一九二〇代から一九三〇年代にかけての時代に、『幸徳秋水全集』の刊行を実現することは、社会主義あるいはアナキズム陣営にとっては、極めて困難な事業であり、それを実現することはよほどのことがない限り無理と考えられていた。

それだけに、戦前に雑誌等に発表された幸徳の著作を集めること、それをまとめて著作集として刊行することを計画、実行することは、極めて難しかった。経済的にというよりも、大逆事件に関わらされた幸徳を忌み嫌う支配層や官憲の意向に従う警察・検察等の圧力・弾圧が待ち受けているからである。大杉栄、石川三四郎、加藤一夫、小川未明、岩佐作太郎、近藤憲二、あるいは堺利彦、山川均、荒畑寒村らでさえ、幸徳については、できるだけ関わり・言及をひかえざるを得なかった。現代とは違い、大杉が軍部に虐殺された後の大正末では、当時の官憲に対抗できるのは、ごく限られた人たちであった。それができた代表的な人物が弁護士の山崎今朝弥であったのである。

　新居は、一九二五、二六年頃には、大組織・新聞社とは関係がなくなり、自立した評論家・思想家として少しずつ売れだしていた。しかし、まだ単独で幸徳の著作集を刊行する力はなかった。実際に一度は挑戦してみたが、官憲の壁を突破するのは、無理であった。そこで相談したのが、弁護士の山崎今朝弥であった。

　新居は、山崎とは朝日新聞時代の一九二一年頃から知り合っていた。『左傾思潮』（文泉堂書店、一九二一年）を刊行したことで、社会主義者との交流が増えていた頃のことである。一九二五、六年頃になると、一方でちょうど山崎は四六倍版の『解放』の発行を準備し、また他方で解放群書（叢書）の発行に着手しようとしていることを知り、山崎に声をかけることにしたのである。

　そのような時に、新居から幸徳の著作集の提案を受けると、山崎は渡りに船と、すぐに引き受けた。それを新規に企画・対応するのではなく、ちょうど企画中の機関誌や叢書のシリーズに載せることにした。機関誌の方では、再刊する『解放』の創刊号を「秋水文集号」とし、幸徳の著作を特集した。同時に、単行本を集める叢書の解放群書は先に出発していたので、その第六冊目に新居の創作集をあてることにした。山崎は、新聞記者として、また大杉亡き後のアナキズム陣営・社会思想界では独立した文筆家として活躍する新居に注目し、期待していたのである。

　かくして解放社の機関誌『解放』の創刊号とそれと同じ時期に発行された群書の第六冊目は、いずれも新居が関わり、貢献することになった。その後、山崎は、新居の努力に感謝し、幸徳の著作をまとめて「文集」「書簡集」「茶説集」など六冊に分けて雑誌と群書に組み込む。

予想通り、幸徳の著作集はどの巻も発禁、修正の連続であった。それでも最後は六冊すべてを発行に漕ぎつけているのは、さすがは山崎である。さらに、いったんバラバラにであれ、六冊も発行が認められたところで、山崎は飛躍的な発想を打ち出し、特集や著作集を超えて、全集に目標を引き上げる。雑誌『解放』と群書それぞれ六冊の著作集の残部を使い、全六巻の『幸徳傳次郎全集』に変えてしまう計画である。そうと決まると、実際にそれを宣伝し、発行する。

その全集にかんしては、最初は、表紙が『解放』や群書のままで、統一性のない、区々の全集ないしは準備的全集としかいえないものであった。次には、そう間をおかず、その同じ全六巻を使って表紙も全集らしく整え直し、製本もしなおして刊行する。これが日本における幸徳の最初の整った全集らしい全集であった。当然表紙も統一され、外見からして全集と分かる体裁に作り直した。

ただし、統一された全集の表紙が与える感じは、明るいものではなく、黒表紙という印象である。というより、黒を印象付け、幸徳らに対する悔やみや葬送の気持を添えたのではないかと推測できる。

そのように苦労して刊行した後、山崎は『幸徳秋水全集』を『解放』等を通じてよく宣伝した。この点は遠慮なく進めている。しかし、もともと少部数の刊行の上、時代が時代で購入・保存する方も、安全・安心できる状況ではなかった。しかも、間もなく、準戦時・戦時と社会主義文献、とりわけ大逆事件に関わった人物の著作や全集は表に出しにくくなる。所蔵さえ難しくなる。そのような太平洋戦争を経た後には，この『幸徳秋水全集』は残部が極めて限られ、超稀覯本になってしまう。

その全集については、山崎も、基になる幸徳の著作をコツコツ集めた新居の労を多とし、記録に書き残している。山崎は『解放』創刊号の「幸徳秋水文集号」の「発刊之辞」に、次のように言う。

「秋水随筆号は数年前……新居格君に依て企てられ同じく中止となつてゐたもので、本年二月解放社が本邦唯一の群書発行を企んだ時コレハどうかと持込んだものである」。

これから見ても、新居なしには解放社による四六『解放』の『幸徳秋水特集』、ひいては日本最初の戦前版『幸徳秋水（伝次郎）全集』が陽の目を見ることはなかった。専門の研究者でさえ、長い間、戦前版『幸徳秋水全集』の存在さえ知らなかったほどであるから、新居の役割を知るよしもなかった。現に戦後の昭和三五年になって幸徳秋水全集の編集に関わった者でさえも、新居の名前を知らなかった人がいるのである。新居の名前はその後暫く忘れられたままであった。

それだけに、日本最初の解放社版『幸徳秋水全集』の刊行は、新居の業績としては山崎と共に十分に留意されてよい。

8　女性の自由と解放の支援者

（1）女性の地位の擁護者

第七に、新居格が女性の社会参加と対等の地位・活躍の機会の擁護者であったことがある。特に戦前を通して女性差別は広範で、法的にも、また日常生活でも、明快な時代であった。一九二五年に普通選挙制度が出来ても、女性は明確に排除されていたし、男性のみがその恩恵にあずかってきた。個々の法律でも、女性は基本となる生活や教育でもあからさまに差別されていた。

この面で新居は彼自身をさりげなくフェミニストと呼んでいる通りである。ただし彼は女性の地位や身分の積極的な擁護者ではなかった。普通の目立たぬ形でのフェミニストであって、ただ形式だけ勇ましく女性を高く押し上げる格好良いフェミニストではなかったのである。

そのように、まだまだ女性が対等に扱われない時代から、新居は、一方で人間が人間らしくあること、そして女性は女性らしいあり方・生き方を説き、他方で自立・自覚、その基礎としては民主主義文化の受容、そして女性の科学の重視・科学的認識の必要も訴えている。新居は戦前・戦後を通じて女性の擁護者ではあったが、言葉だけが勇ましい擁護者ではなかった。遅れた地位にあった女性の側に立つ、穏やかな女性の擁護者であったのである。

戦前には、新居には『女性点描』（一九三四年）、『新しき倫理』（一九四二年）、『新女大学』（一九四三年）などの著書もがあるが、いずれも、右傾化と逆コース、また国家主義化と戦争擁護体制が進行してからである。

新居の周辺には、児童文学者の小川未明はもちろん、賀川豊彦、加藤一夫、沖野岩三郎、あるいは木村毅、土田杏村、吉田弦二郎らのように子供の童話や童話論を描くなど、子ども、特に児童文学に対して強い関心を示すものが多く、流行とも言える状態であった。

ところが、新居は子ども（論）についても筆を取ってはいるが、それほど集中して深く子供に目を向けたわけではなかった。その分、子供よりも女性には関心を向け、女性向けに筆も執った。その点は戦前・戦後を通じて言えることである。

戦前では、『新女大学』（一九四三年）でも、上から「教説することを意思しなかった」（「自序」）とし、声を張り上げて訴えるようなことはしていない。むしろ「最も平凡な。柄にないといはれうる新女大学」と、いつものようにへりくだった姿勢を崩さない。

このように、女性に対して上から指導する気はさらさらないと言っているが、基本的には女性の理解者・擁護者であった。女性の地位が低く、どうしても自立や教育でも遅れがちであったが、その女性に自信や自立心、また教育・教養の強化を促した。決して女性の地位を必要以上に訴えることをしなかった。

ただ新居には、戦時下には自分の思想や理論をめぐって当局と争うよりも、女性の地位をめぐって争うほうが遥かに楽だった。それが彼に女性問題により深く関わらせることになった。自分の思想や理論で争うことは、下手な譲歩も必要となる場合もあるが、女性問題に関しては大抵その必要がなかったからである。

当局も女性問題に関する見方では、新居にそれほど強いことは要求しなかった。その方が彼にとっても都合の良いことであった。それが彼を女性問題により近づけた一因となっていた。

(2) 戦前から戦後へ

一般的には、戦時体制の下での女性の地位は相当ひどいものであった。その体制下にも、国家・軍部の圧力に敗けない意地のようなものが女性に対する姿勢にも、新居にはうかがえた。奇妙なことに、女性問題に関わることは、上からの人間軽視の軍国・聖戦体制の時流とは離れることであった。女性を逆コース・聖戦支援の流れに誘い込もうなどという考えは、新居には全くなかったからである。

現に、新居が『新女大学』や他の著作で訴えていることは、戦時下には女性にも強さを求める一般の理解に対し、女らしさこそ大切という理解では一貫していた。彼は「女らしくないこと」として、虚栄心が強いこと、あるいは節度をわきまえないことを上げている。それに対して、女性の美しさとして、謙虚、真面目、優しさ等を取りあげている。ただ戦時体制に合わせて女性らしい「勇気」、聡明さ、家庭や社会を楽しいものにする明るい気持の必要も取りあげている。

ただ、女らしさが淑やかさにのみあると決めつけることはなく、「テキパキ物をいふからと女らしくなく、ぐづぐづして煮え切らないから女らしくないなどと考へるとすれば以っての外だ」（新居格前掲『街の哲学』）と固定的・一面的に女子を捉えることにも批判を加えている。

戦前では、新居の認識は特別な認識ではなく、一般的な理解といってよいが、ただ、そこでも戦局の悪化に対応して竹槍など女性にまで武器を持たせるような発想・認識は新居には全くなかった。戦時下とはいえ、強まる軍部等の上からの要請に抗して、女性本来の良さを大切にする必要を言い、女性問題でも戦争協力の流れに女性を巻き込むような自分を見失う姿勢は全く見せなかったのである。

第二次大戦後になると、すぐに『新女性教養読本』（編著、協和出版社、一九四六年）を出版する。しかも、いきなり「起てよ、黎明期の新女性。いたましい冬は過ぎ、栄光の春は来た。今こそ日本の女性達は、真理と愛の世界に向かって勇敢に飛びたたねばならぬ」と叫ぶほどに訴えた。「雅歌」第二章一〇～一三節の「我が愛する者よ我が美しき者よ、起ち出で来れ／見よ、冬すでに過ぎ、／雨もやみてはや去りぬ／もろもろの花は地に乱れ、／鳥のさえずる時すでに至れり……」に導かれて、高く訴えたものである。

新居にしては、珍しいほど強い調子の訴えであった。しかし、中身は戦前と同じく穏やかな姿勢からの女性の擁護・支援者の姿勢を超えてはいない。戦前長く、女性は社会的に眼を塞がれ、社会性の欠如を常態とされていたので、「正しき社会常識の訓練」が必要であり、また「女性文化の昂揚」（同上）、科学的認識の重視も欠かせないと訴えたのである。

戦後すぐに、新居はフェミニズムも論じ、他人からはお前はフェミニストだと言われることもあった。たしかに、フェミニズム論としては早い主張であった。

そこで、新居は、フェミニストは「人間が好きだといふ感情」を根底にもっていること、同時に民主主義を徹底して認めることが大事な条件と言っている（新居格「フェミニスト論」新居格前掲『市井人の哲学』）。

そして人間が人間らしくあること、女性が女性らしくあること、その基礎に民主主義文化と科学的認識の必要を説くものであった。ある側面だけの思い付きではなく、総合的に点検したもので、いかにも新居らしくわかりやすい。それでいて、根幹にかかわる点からの指摘・主張である。いうなれば、新居の場合、単に理屈や理念上の平等や差別の排除、そして形式的な女性擁護ではなく、男女を問わず人間が好きで、女性を含む人間が日常的に人間らしく振舞える社会の実現を考えていたのである。つまり、新居は女性に対して激しい言葉で弁護したり、カッコいい言葉で擁護したりはしないが、女性を含め、人間を公平に扱う生き方が新居の日常生活の根本にあったことが肝心なのである。

戦前・戦後を通して、ふだんから女性や若者が新居の周辺に集まることが多かったのも、そのような生き方・姿勢、そして女性論、フェミニズム論が新居には自然に付与されていたからであった。新居の女性論がただ女性を高く評価するなど、決して勇ましいからではなかった。集まりくる女性たちも、新居の女性論・フェミニズム論を本物かどうかをきちんと見分けていたのである。

9　新しいリーダー像を自ら示したこと

最後になるが、新居の業績として、彼が新しい時代の新しいタイプのリーダー像を自ら演じ、示したことがある。

新居の場合、リーダー論を述べる時に、こうあるべきだといったリーダー論や理屈の上に成り立つリーダー論の提示・展開を行うことではない。リーダーと一般の間に、差別や上下関係を認めず、わざわざリーダー的地位を振りかざしたり、上からの目線で見たりすることもない。それが、新居が自ら区長として現場・実践を通して示したリーダー像であった。そして生涯を通しての彼の生き方でもあったのである。

新居は「普通の人間」「凡人」「平人」「市井人」「街の人」を自称したように、一般的な意味でのリーダーや役職者とは遠い人のように見えた。その新居が区長や公益法人関連の理事長に就任するので、周りには戸惑いを覚えるものも出てきた。しかし、彼の意識は全く違っていた。市井人、また街の人のままの、その延長上にある特別のリーダーではなく、ただ普通のリーダーであった。

新居には、現場でも区長や理事長が一般職員や市民の上、見下ろす立場などと言う意識はなかった。それまでの市井人や街の人の生き方や意識を変えるわけではなかった。権力や権威、地位や肩書を振りかざすリーダーのように、豪華な部屋で、高価な椅子やソファにふんぞり返ることなどはまったく考えてもいなかった。

ところが、戦後の混迷の中で、いつの間にか、新居はいろいろのところでトップやそれに継ぐ地位に就かされた。機関誌の発行責任者・編集責任者、協同組合の代表・理事長、公益法人の代表・理事長、区長などである。そのほとんどは、望んでなったわけではない。もちろんそんな肩書を有難がったわけでもない。あるいは自らの意識・姿勢で進んで代表の地位に就任したわけではない。しかし、そうかといって形・形式にこだわって絶対に役職は受けないという態度も取らなかった。

杉並区長に関してだけは、新居は自ら進んで立候補した。ただ、それも区長という地位が欲しいがためではなかった、夢のあるまちづくりや真の民主主義の実現のため、市民本位の行政・自治を創り上げ、実行するという目標のためであった。だから、それまで区長には欠かせないとされた立派な区長室や豪華なテーブル・椅子などもどうでもよかった。一般職員と同じで良かったのである。

新居は、区長が区役所の入口の受付係と並んで座るあり方さえ、面白いのではないかと本当に考えもした。区長と一般職員の上下関係なども、新居にとってはどうでもよいことであった。区民の税金でタダ酒・タダ飯に与かるなどと言うことも、あってはならないことだった。区長はもちろん、普通の議員も、特権であるかのように、やたらに弁当やアルコール付きの会合・会議・委員会を持つのも良しとはしなかった。ところが、当然のようにそのような発想、考えは、どの党派の議員からも、また一般職員からも容易には受け入れてもらえなかった。

議員定数の削減などは、外国の例で見ても、また財政の厳しい折でもあり、新居は、当然で、しかも急ぎ実行すべきものと考えた。しかし、どの党派からもすぐには話に乗ってもらえなかった。

そのような発想や実践は、単なる思いつきではなく、区政の民主化、夢のあるまちづくり、市民生活の向上には不可欠と考えていた。その程度の改革・変更を恐れているようでは、より大きな改革・革命などは無理と考えざるをえなくなっていく。

ただ区長にならない限り、まちづくりや市民生活の向上、市民本位の行政・自治の舵取りができなかったから、区長にならざるをえなかったのである。何を誰のためにやりたいかではなく、ただ区長や議員といった地位や役職の獲得こそ目的のものには理解できない考え・姿勢である。

実際に、新居の思想や姿勢は古い認識の区会議員や職員たちをとまどわさせるだけだった。それだけ改革的な認識と言動であったのである。

それが新居にとっては、当然のことであり、本音であった。役職に就くとしても、その地位を威張るわけでも、得意になるわけではないし、ましてや特権であるかのように地位を利用するつもりも全くない。

新居には、地位や肩書などはあろうとなかろうと、同じなのである。わざわざ、他人に自分の地位や肩書を誇示したり、上に立てたとばかり得意になったりする必要も意味も認めなかった。区長も議員も職員も、肩書や地位で差別するのではなく、市民本位でいかなる目的に向かって、何をするのか、また実際に何をやったかが大切なのである。その発想・考えこそ、市民に沿うものであり、市民に応えるものであった。それは、市井の人として生きてきた新居の内からごく自然に発想・主張され、展開されたのである。

実際に、新居の場合、そのような姿勢・生き方で挑戦し、一定の役割も果たした。タダ酒・タダ飯は飲まないし、食わない。委員会や会議ごとに弁当を食するのも良しとはしなかった。ランチ・夕食などの食事は、誰でも取るもので、各自が負担して当然なのである。それを委員会や会議等が開催されると、個人でなく税金で賄うのは特権の乱用に他ならないと新居は譲らなかった。

結局、新居は形式や外見を気にしたり、ぬるま湯にひたったりする慣行ではなく、市民本位に税金は徹底的に節約すること、そして自分でできることは自分で実行することをしたのである。決して権威や地位にこだわったり、名前だけのトップで責任をとらず、曖昧に対応したりせず、実行・責任も果たすトップになろうとした。生協運動しかり、区長しかり、日本ペン・クラブの役員しかりである。その他多くの公益団体のトップにも収まっているが、役職・地位にこだわるよりも、会員全員のためになる目的を達成できるかどうかが大事なのであった。

いうなれば、新居には任期を大過なく過ごせばよいなどと言う発想や意識は全くなかった。実際に、議会や役所とは対立するのがむしろ常であったし、目的遂行が困難と分かれば、すぐに退職する道を選んだのである。

新居にあっては、理事長・会長など代表に収まったからと言って、生き方や姿勢が変わるわけではない。もちろん威張ったり、過剰に胸をそらしたりするわけもなかった。

彼は豪華な部屋、高価なテーブルや椅子を要求するわけでもない。理論や理屈でも、慣行やしきたりでもないのである。それが市井の人である新居の自然の、普段着の生き方なのである。地位や肩書によって、また施設・設備の豪華さによって、姿勢や態度が変わるわけがないのである。

だから、新居が区長や理事長や代表になったこと、政治家になったことを理論や理屈で批判しても、新居にとっては痛くもかゆくもなかった。区長や理事長など役職に就きたいもの、役職にこだわるものほど、新居になぜアナキストが役職に就くのかと形式にこだわって批判するが、新居にはそんなことはどうでもよいことであった。

その辺がアナキスト的区長や理事長であったというよりも、むしろアナキストを超えた幅ひろい自由人・市井人として新居を評価できる由縁でもあった。役職や地位、名称や外見、上か下かにこだわらないリーダーこそ、つまり長についたリーダーかどうかではなく、何を誰のために、どんな目標・目的で、しかも責任を覚悟の上で挑戦・実践するかどうかこそ、新しい時代の新しいリーダーとして問われるのであった。

このように、新居は区長や理事長の肩書なしには動けないリーダーではなかった。そんな肩書は邪魔でさえあった。そんな外見・形式はどうでもよかったのである。彼はまさにそれに相応しい人だったのである。

ところが、問題は、新居が辞めた後、新居が市民のために挑戦・実践した改革も、前にすすむのではなく、旧に復されたことである。都合の悪いことは、その主張者がいなくなると、残ったものが平気で自分たちに都合のよいように元に戻すのである。委員会や会合の際の税金による弁当の配布、式典・儀式などの後の二次会の酒代の公費負担、豪華な施設・設備の使用がいつの間にか旧に復したのである。最近でこそ、それらは批判の対象となり、改めて自粛されることが普通になったりしたが、一時は大手をふるって生き返った。新居の挑戦はいったい何であったのか、市民本位・市民のための自治・行政はどこへ行ったのか、不思議なことである。

これらについて、最近、ようやく新居が再評価されだした。生活協同組合運動でも、地方自治・行政の改革でも、新居に学ぶ必要が理解されだした。リーダーのあり方、自治・行政のあり方も、新居に学ぶところが少なくないのである。

このように、新居の立場は、従来の偉人、首長、リーダー、先駆者のイメージとは大きく異なる存在であった。旧弊も、悪しき伝統も、市民のためにというよりも、上に立つ議会・議員や役所・役人のためになる仕組み・慣行というものは、決して市民本位とはならなかった。市民の目線や市民本位の姿勢からは、遠いものであった。それらに対して、新居は市民本位の視点で挑戦したのである。

新居の考える市民本位とは、そのようなものだった。そこにも、彼を見直し、再評価する必要も意味もあるのである。

10　新居格という人

(1)　新居格の選んだ道

新居格は、今日からみれば、決して長い生涯ではなかったのに、思いのほか、多くの課題に関わり、多くの業績を遺している。本当にその通りと言うほかはない。業績類を見ても彼自身にしか見られないものもある。例えば幸徳秋水、大杉栄、その他同時代のアナキストたちにも見られないものがいくらでもある。新居の区長論、地域論、あるいは地域社会論など地域に関わる主張はその代表であった。

それは他の人から見たら実につまらない事だったかもしれない。そこには、時代を超えて生きる新居ならではの足跡や業績が含まれている。おそらく、新居は、自分の足跡や業績で後世に遺るものなどあるものかと思っていたにちがいない。家族の日々の生活費を稼ぐだけでも精一杯であり、辛うじてそれをなすだけで、そんな業績・功績を遺すために振舞ったつもりはなかったからである。

特に新居の場合、経済的には、安心・安定とは遠く、不安定・不安に追われることが多かったので、業績や功績を遺すことなど考え及びもしなかったはずである。しかるに、生涯を辿ってみると、意外に多くの優れた足跡・功績が標されているのである。

後述するように、新居の生涯は時代が時代だけに戦いの連続であった。戦うということは、時代の主潮流に飲み込まれたり、権力や当局の言いなりになったりするのではなく、譲れないものは譲らずに、自分なりの生き方を守り通したということである。

実際に、残した著作・著書をみても、新居は一見穏やかに、巧みに市井の市民やその暮らしに光をあてている。それでいて、いかにも権力・当局との対立・喧嘩はできるだけ避けて生きたようでいて、巧妙に守るべきは守り、自分なりの最後の一線は譲らずに通した人であった。

そのような生き方は、意外に難しいことで、誰にでもできることではない。とりわけ戦時下に、無駄な抵抗・対立は避けつつ、しかし守るべきは守った姿勢は感服に値する。そんな生き方だからこそ、新居にしかできなかったこと、他にない足跡もいろいろと標《しる》すことができたのである。

ここで、新居の生涯ですぐに気づくことの一つに、早熟であったことがある。『読売新聞』と共に明治の『平民新聞』類を購読したのは、徳島の中学時代であった。社会主義者になろうと早すぎる決意をしたのも中学時代であった。さらに、結婚し、子供を得たのも中学時代であった。

その早熟という点では、相馬御風や小川未明ら若くしてアナキズムに触れた文人たちに似ていた。著作や著書の出版の早さは、御風や未明には及ばないが、新居も決して遅いほうではない。特に御風や未明の場合は、主たる関心が創作であったのに、新居の場合は、研究や評論・エッセーの方なので、むしろ著作の公刊は早い方であった。

新居の生涯で気づく特徴のもう一つは、どの時代にも意外に普通でない生き方、個性的な生き方をしたことである。新居自身は、自分の生き方や言動は目立つことでも、派手なことでもなく、平凡なこと、並みのことだけだと言うのが常であったが、決してそうではなかったのである。

早くも中学時代から、他に見られない経験をいくつも積んでいることは上記にすでに触れた。教師批判をしたり、社会主義に傾倒したりするなど、決して並みの中学生ではなかった。新居の意図に反して、むしろ目立つ特別の中学生であった。

東京帝大の大学時代にも、教授たちにも冷静な目を向けたり、自己流の勉学姿勢を崩したりはしなかった。法学部の学生の大方が進む、官僚、法曹、政治などの世界にはほとんど興味を示さなかった。国家資格や国家試験にも興味を示さなかった。東京帝大の法学部卒なら、間違いなく進め、最も安全な道になる方向には眼を向けなかったのである。

その結果、新居の進もうとする道には、安易なもの、保障されたものはなくなっていた。東京帝大法学部卒なら、ほとんど無条件に保障される地位や役職などとは、全く関係のない道に入ってしまうのである。そんな損得などを細かく気にしないのも、いかにも新居らしい生き方であった。

そのように、多くの学生が進む方向には関心を向けず、何とかなると一見行き当たりばったりの道を進む大らかな姿勢・対応がいかにも新居らしいのである。自分の力量、才能、判断で生きざるを得ない方向を自ら選んだのである。

東京帝大を卒業して社会に出てからも、新居の行き当たりばったりの何とかなるという生き方・姿勢は変わらなかった。東京帝大を卒業しても，家族をかかえながら、慌てて就職口を決めるようなことはしなかった。一年もブラブラ過ごしてから、読売新聞社に就職したのも、ある意味では偶然であった。自分で頭を下げたり、捜し歩いたりして、選んだわけではなかった。その後の新聞社等への転職も、十分考え調査し、考えてのものではなかった。解雇の結果止む無く選んだ転職でもあった。

新居が朝日新聞社を辞め、文筆家・評論家の自立の道を選んだのも、ある意味では自ら進んではなく、関東大震災後の朝日新聞社側の都合による解雇と、他に選択の余地がなかったことによる選択であった。経済的には厳しい道を選んだのも、十分に計算をして、納得した上でのものではなかったのである。何とかなる、あるいは何とかせねばならないといった、止むをえざる決断であった。普通の社会人にはまず困難な仕事の選択であったと言わねばならない。

そんな保障・安定とは遠く、何が起こるか分からない道、言うならば普通でない道を歩んだのが新居の生涯であった。もっとも普通の人間にとっては、何が起こるか分からないのが普通のことであったが。

(2) 新居格の生き方

新居格は広い視角と多様な関心をもっていた。時々あえてアナキストを自称することもあったが、アナキスト・アナキズムさえ超える自由人、特に権力・権威と独裁を拒否する自由人でもあった。バクーニンだ、クロポトキンだ、幸徳秋水だ、大杉栄だ、と大物の威を借りることもあったが、それは単に彼らを絶対視するためのものではなかった。

新居は、ことさら自分を大きく見せることもなく、ごく自然の文章・文体を自分のものとした。威張らず気張らず、穏やかに、しかし、発言するときは発言し、怒るときは怒る自由人であった。どんな厳しい弾圧下にも、上からの命令・潮流に完全に抑え込まれ、飲み込まれることはなかった。彼は、最後の一線は守り、自分の人間としての生き方は譲らなかったのである。

太平洋戦争という圧政下に、生きるために最低限の譲歩はするが、聖戦賛美、人間軽視、天皇の神格化などには決して飲み込まれることはなかった。

新居の出立点・基点は、個や小単位・小地域とその尊重・重視であった。全体よりも個、全国よりも小地域が基本で、大切なのであった。人間社会にあっても、全体よりも、また権力や指導者よりも、一人ひとりの人間・一人ひとりの市民の尊厳と主役になることこそ大切であった。一人ひとりの自由・自立・尊重が保障されて初めて全体・全国も、本来の人間らしさ、そして生命も与えられるというのである。

新居を、日本アナキズム運動の代表である幸徳秋水や大杉栄と比較するのは簡単にできないが、彼らとは異なる味わい、個性、特徴を持っていた。彼らほど有名ではないし、目立ちもしない。また鋭い文章、流麗な文章も書かないが、彼らにない個性・特徴を持っていた。ここで挙げた新居の業績と言えるものがその個性・特徴でもあった。

例えば、新居は幸徳や大杉らのように、時代の先端を行く人たちを取り上げたり、批判を加えたりすることはほとんどしない。その代わり、市井のこと、街のこと、裏通りのこと、総じて庶民の暮らしや生き方に注意をはらい、そういったことどもを科学の目、哲学の目を通して眺め直そうとした。

実際に、新居は、科学や哲学を市民の手の届くもの、市民の関われるものにしようと、その日常化・市民化にもこだわった。そういった新しいことに挑戦する姿勢は、学者志向の一面も持っていた新居らしいもので、幸徳や大杉にはないものである。

さらに、新居は文章・著作でも、幸徳や大杉のように魅力的な文章・名文、鋭い主張、厳しい批判を多く残しているわけではない。しかし、戦時下でも、政治・行政・軍部が気が狂ったように進めようとする聖戦・戦況の動向や勝ち負けよりも、それと遠く離れた市井の市民のありふれた日常、暮らし、趣味などの実情にこだわった。彼なりに、街の人たちと共にあり、その普通さや平凡さを大切にする視点・ものの見方・文章は、意外に個性的で、魅力的でもあった。

それらが戦時下の動向・記録としては、大切なのである。実際に、それらの中には、現代にも生きる活動、文章、記録がいくつも残されている。その関連で、単なる活字・文章上の主張・記録のみでなく、実践することで、今日にも生きる足跡・業績がいくつも確認できるのである。

それだけに、一見平凡に、普通さにこだわって生きたかに見える新居の生涯は、意外にも戦いの連続でもあった。どの時代も、新居から見たら権威・権力との、また市民の立場を守るための戦いであった。市井の市民本位に観察し、評論すること自体、人間無視の聖戦遂行を進める政治家、軍部、当局からは、監視、抑圧の対象であった。

新居は、東京帝国大学を出てからは、新聞記者時代にも、言論をツールとするので、たえず権力・当局を意識し、それと対峙せざるを得なかった。新聞社を退職し、自立してからも、特に軍部の力が強くなり、上からの抑圧が厳しくなる戦時下にも、さらに戦後の平和の回復後にも、生活協同組合運動も、区長としてのまちづくりや民主化・改革の仕事も、戦いであった。単に任期や役務の間だけ大過なく務め終えれば良いという考えならいざ知らず、市民の側に立って、市民のために何事かをなそうと考えたら、自然と戦いとならざるを得なかったのである。

その新居を比較的早くから評価した一人に、木村毅がいた。新居の創作集が一冊の著書として解放社から発行される直前にも、「誰れか『新居格創作集』を刊行する者はないか、それこそ『初めて真のモダン・ガールを創造して、文化史的価値の豊富な、画時代的名篇』として広告することが出来」る（木村毅『文芸東西南北』新潮社、一九二六年）と高く評価し、出版協力を呼びかけたほどであった。この『新居格創作集』こそ、この後すぐに刊行される『月夜の喫煙』に他ならない。

なお昭和も進んでからになるが、新居が『大地』の版権・印税問題の裁判に巻き込まれた時にも、木村は新居を全面的に擁護する。お蔭で、山崎今朝弥の協力もあって新居が勝訴する。

中野好夫、大宅壮一らもやや距離を置いてではあれ、戦前・戦後と新居を温かく見守ってい た人たちである。『大地』などが今日まで新居の名と共に残っているのも、中野の理解と協力に与っている。また、新居の市民本位の生き方、市井・市民に光を当てる視点・手法が今も生き続けているのは、大宅や遠藤斌らの理解・協力に与っている。大宅には、一般の学生、一般の社会人が進む普通の道を選ばない新居の生き方が、大学の先輩でもあり、何となく脳裏に残り続けたはずである。

新居の生涯には、一見したところごく平凡なことが多く積み重ねられている。本人がそういうので、なおのことそんな風に見える。同様に、著書・著作にも、ごくありふれたこと、平凡なことが、集積、所収されているように見える。その平凡なことが新居にあっても、市民にとっても、意外に大切なことで、新居を新居らしく特徴づける良さや特徴、さらには業績にもなっていく。

実際に、全期間市井の民の日常にこだわり続けたことこそ、新居らしさで、新居にしかできないことであった。第二次世界大戦前の活動にしろ、大戦下の活動にしろ、また大戦後の自由な時代の活動にしろ、標した足跡や業績も、その新居らしさと結びついて、新居にしかない個性・特徴を形成することになっていたのである。

あとがき

最近、新居格が比較的光を浴びている。大変嬉しいことである。アナキスト、評論家、翻訳家等の歩みが高く評価された結果である。

私は以前から新居を研究対象の一つに選んでいた。その結果、新居の生涯を一冊の著書にしたいと考えていた。新居こそ、幸徳秋水、大杉栄らにないものをもっていた。新居も確かに彼らに劣る点もあったが、全てが劣っていたわけではない。

しかし、新居と言う人はそう甘くはなかった。思いの外難しい人であった。一方でアナキストとして、他方で評論家・翻訳家等として彼を表現することは容易なことではなかった。

それでも、私は二〇一九年の夏までに、新居格の生涯と業績に関する原稿をほぼ書き終えていた。それをあと少しだけ見直して校了と考えていた。ところが、その直後突然脳出血に見舞われた。

それから二、三年もすれば、病も回復に向かい、全体を見直せるものと思っていた。しかし、二、三年経っても思う通りには進まなかった。結局大して見直すことも出来ず、旧稿のまま世に問うことになった。

思えば、私が新居格に興味を持ったのは、遠藤斌氏の繰り返す熱心な新居論のお蔭である。その話がなかったならば、まずこのように新居格論がまとまることはなかった。その点で遠藤氏を抜きにしては私の新居論は存在しなかったであろう。

ところが、遠藤氏の新居格論は、私のみか真辺致一氏にも同じ事を話されていたのだった。それほどに遠藤氏の新居格論は本物であった。私が遠藤氏から聞いた話で、忘れかけた部分は、間違いなく真辺氏に聞けば明らかになるのであった。その点で真辺氏の存在は本書をまとめる上で大変有り難いものとなった。

もう一つ、新居の生涯に関しては、和巻耿介氏の著作に代表されるが、昔私の学生に上田敏彦なる人物がいた。彼が大学院に学ぶようになってから新居格に興味を示し、少しずつ文献にも触れだした。しかしその直後、彼は医学に道を変え、国立大学の医学部を志し、地方の医学の道を歩むことになった。それに伴い、新居研究の方が中断したことは、極めて残念なことであった。

なお、本書の完成には、妻禮子の労が大変大きかったことを挙げなければならない。私は右半身が不自由となり、小さいことを含め全てを妻に任せざるをえなかった。その点で、本書をまとめるにあたっては、全て妻の労によるものとなった。記して感謝の気持ちとしたい。

本稿も、出版の方は論創社にお願いすることになった。このような私の体調の問題もあり、森下紀夫社長とぱる出版の奥沢邦成氏には特別のご配慮を頂いた。拙い本稿が一冊の著書になったのは、森下氏と奥沢氏のお陰である。記して感謝の意としたい。

二〇二二年一〇月

小松　隆二

参考文献

木村毅『文芸東西南北』新潮社、昭和元（一九二六）年
木村毅「新居格論」『新潮』第二九巻第三号、昭和七（一九三二）年
新居格編『綴方現地報告―日本人小学生―』第一書房、昭和一四（一九三九）年
新居格『わが青春の日』現代社、昭和二二（一九四七）年
新居格「文壇交友録」『人物評論』昭和二三年一一月号
『近代日本文学辞典』東京堂、昭和二九（一九五四）年
新居格『区長日記』「貴重な実験　大宅壮一」「左傾と彼氏　徳川夢声」「区長時代の思い出　中島健蔵」「編者あとがき　遠藤斌」、学芸通信社、昭和三〇（一九五五）年
新居好子監修『遺稿新居格杉並区長日記』「父を語る　新居好子」「新居格先生のこと　大久光」所収、波書房、昭和五〇（一九七五）年
小松隆二「新居格―街の生活者―」生活研究同人会編『近代日本の生活研究―庶民生活を刻みとめた人々』光生館、昭和五七（一九八二）年
和巻耿介『評伝　新居格』文治堂書店、平成三（一九九一）年
小松隆二「協同組合と日本における足跡―先駆者および先駆的事例を通して」『現代の経済と消費生活―協同組合の視角から―』コープ出版、平成六（一九九四）年

小松隆二「新居格」『日本アナキズム運動人名事典』ぱる出版、平成二六（二〇一四）年
新居格『杉並区長日記―地方自治の先駆者新居格』虹霓社、平成二九年（二〇一七）。本書には、小松隆二「〝地方自治・地方行政の鑑〟新居格の生涯と業績―典型的な自由人・アナキスト」および大澤正道「新居格と『世界の村』のことなど」が付されている。

新居格の著作類

『左傾思潮』文泉堂書店、大正一〇（一九二一）年
『近代心の解剖』至上社、大正一四（一九二五）年
『月夜の喫煙』創作集　解放社、大正一五（一九二六）年
『季節の登場者』日本エッセイ叢書（5）　人文会出版部、昭和二（一九二七）年
『近代明色』中央公論社、昭和四（一九二九）年
『ジプシーの明暗』悪の華文庫、万里閣、昭和五（一九三〇）年
『風に流れる』新時代社、昭和五年
『アナキズム芸術論』新芸術論システム　天人社、昭和五年
『街の抛物線』新創作集　尖端社、昭和六（一九三一）年
『生活の錆』限定版　岡倉書房、昭和八（一九三三）年
『女性点描』南光社、昭和九（一九三四）年

『クレオパトラ―情熱の妖花―』新潮社、昭和一一（一九三六）年
『生活の窓ひらく』第一書房、昭和一一年
新居格編『恋愛の手紙』泉書院、昭和一二（一九三七）年
『街の哲学』青年書房、昭和一五（一九四〇）年
『野雀は語る』青年書房、昭和一六（一九四一）年
『新しき倫理』金鈴社、昭和一七（一九四二）年
『心のひびき』道統社、昭和一七年
『新女大学』全国書房、昭和一八（一九四三）年
『心の日曜日』大京堂書店、昭和一八年
『人間復興』玄同文庫、玄同社、昭和二一（一九四六）年
『心の暦日』川崎出版社、昭和二二（一九四七）年
『市井人の哲学』清流社、昭和二二年
『民主的な理想農村』文化農業新書　文化農業協会、昭和二二年
『区長日記』学芸通信社、昭和三〇（一九五五）年
新居好子監修『遺稿新居格杉並区長日記』「父を語る　新居好子」「新居格先生のこと　大久光」所収、波書房、昭和五〇年
『杉並区長日記―地方自治の先駆者新居格』虹霓社、平成二九（一九五四）年。小松隆二「〃地方自治・地方

行政の鑑〟新居格の生涯と業績―典型的な自由人・アナキスト」および大澤正道「新居格と『世界の村』のことなど」。

＊配列は発行年月順とした。著書の次に「創作集」や「日本エッセイ叢書（5）」等とあるのは、全て各著書の表紙またはそれに準ずる記述をそのまま取ったものである。

＊編集を担当した著書（『恋愛の手紙』）を取り上げているのは、全編を通して編集に当たっていることによる。

＊新居格には、他に翻訳書類が多数存在するが、ここではそれらは省略する。

小松隆二（こまつ・りゅうじ）

［現職］慶應義塾大学名誉教授、東北公益文科大学名誉教授。
［主要著作］『企業別組合の生成』（御茶の水書房、1971年）、『社会政策論』（青林書院、1974年）、『理想郷の子供たち―ニュージーランドの児童福祉―』（論創社、1983年）、『難民の時代』（学文社、1986年）、『大正自由人物語』（岩波書店、1988年）、『イギリスの児童福祉』（慶應義塾大学出版会、1989年）、『現代社会政策論』（論創社、1993年）、『ニュージーランド社会誌』（論創社、1996年）、『公益学のすすめ』（慶應義塾大学出版会、2000年）、『公益の時代』（論創社、2002年）、『公益とは何か』（論創社、2004年）、『公益のまちづくり文化』（慶應義塾大学出版会、2005年）、『公益の種を蒔いた人びと―「公益の故郷・庄内」の偉人たち―』（東北出版企画、2007年）、『新潟が生んだ七人の思想家たち』（論創社、2016年）、『日本労働組合論事始』（論創社、2018年）、『戦争は犯罪である―加藤哲太郎の生涯と思想―』（春秋社、2018年）他。

『大杉栄全集』編集委員（現代思想社、1963～65年。ぱる出版、2014～16年）、『下中弥三郎労働運動論集―日本労働運動の源流―』監修（平凡社、1995年）、他。

新居《にい》 格《いたる》の生涯——自治を最高の基礎として

2023年6月20日　初版第1刷印刷
2023年6月30日　初版第1刷発行

著　者　小松隆二
発行者　森下紀夫
発行所　論 創 社
東京都千代田区神田神保町 2-23　北井ビル
tel. 03（3264）5254　fax. 03（3264）5232　web. https://www.ronso.co.jp/
振替口座　00160-1-155266
装幀／宗利淳一
印刷・製本／中央精版印刷　組版／フレックスアート
ISBN978-4-8460-2274-7　